Liebe Leserinnen, liebe Leser!

Fotograf **Olaf Meinhardt** aus Braunschweig schätzt an Irland die noch ursprünglichen Inseln und Halbinseln sowie die rustikalen Sportarten und die kulinarischen Gewohnheiten der Iren.

Wir hatten eine dreiwöchige Irland-Rundreise hinter uns und verbrachten die letzten Urlaubstage am Ring of Kerry im Südwesten der Grünen Insel. Für ein paar Tage war ein gemütliches Cottage unser Zuhause. Auf die freundliche Frage des Vermieters, wie es uns denn in Irland gefallen habe, antwortete meine Reisebegleiterin Ina „ja ganz toll, gerne kommen wir wieder, vielleicht haben wir beim nächsten Mal ja auch mehr Glück mit dem Wetter". „Mit dem Wetter? Das war doch ein Jahrhundertsommer, so viele schöne Tage hatten wir schon lange nicht mehr." War die erstaunte Antwort unseres Vermieters.

Grün in allen Schattierungen

Der Reisejournalist **Axel Pinck** lebt in Hamburg. Nach vielen Reisen kreuz und quer durch Irland gehört er inzwischen selbst zu den eingeschworenen Fans der Grünen Insel.

Eine Gutwettergarantie gibt es in Irland wirklich nicht. Da kein Gebirge herandrängende Regenwolken aufhält, bekommt die Insel von jedem sich Europa nähernden Tief ihren Teil ab. Doch genauso schnell lässt sich auch die Sonne wieder blicken. Schließlich kommt das ganze Grün nicht von ungefähr. Es taucht in allen Schattierungen auf: Wiesen, Weiden und Buschwerk bilden die Grundlage. Blühende Fuchsienhecken und Rhododendronbüsche setzen farbige Akzente. Natürlich beeindruckt die großartige Natur, auf mich üben Irlands Kulturschätze aber ebenfalls einen starken Reiz aus. Es ist faszinierend quer über die Insel zu fahren und plötzlich taucht einsam in der Landschaft stehend eine Kirchenruine oder ein Rundturm auf. Nicht leicht zu finden sind manchmal die riesigen Dolmen, Zeugen aus grauer Vorzeit.

Endlich Frieden ...

Auf jeden Fall sollten Sie es nicht versäumen, bei Ihrer Irlandreise auch Nordirland einen Besuch abzustatten. Traute man sich bis vor einigen Jahren kaum in die Metropolen Belfast oder Derry, so pulsiert heute dort das Leben, in Restaurants, Kinos, Shoppingmeilen und natürlich in den Pubs. Mehr über die Situation in Nordirland erfahren Sie im DuMont Thema auf S. 104 ff.
Viel Spaß auf der Grünen Insel!

Birgit Borowski

Birgit Borowski
Programmleiterin DuMont Bildatlas

DuMont Thema

DuMont Thema

Titelthemen

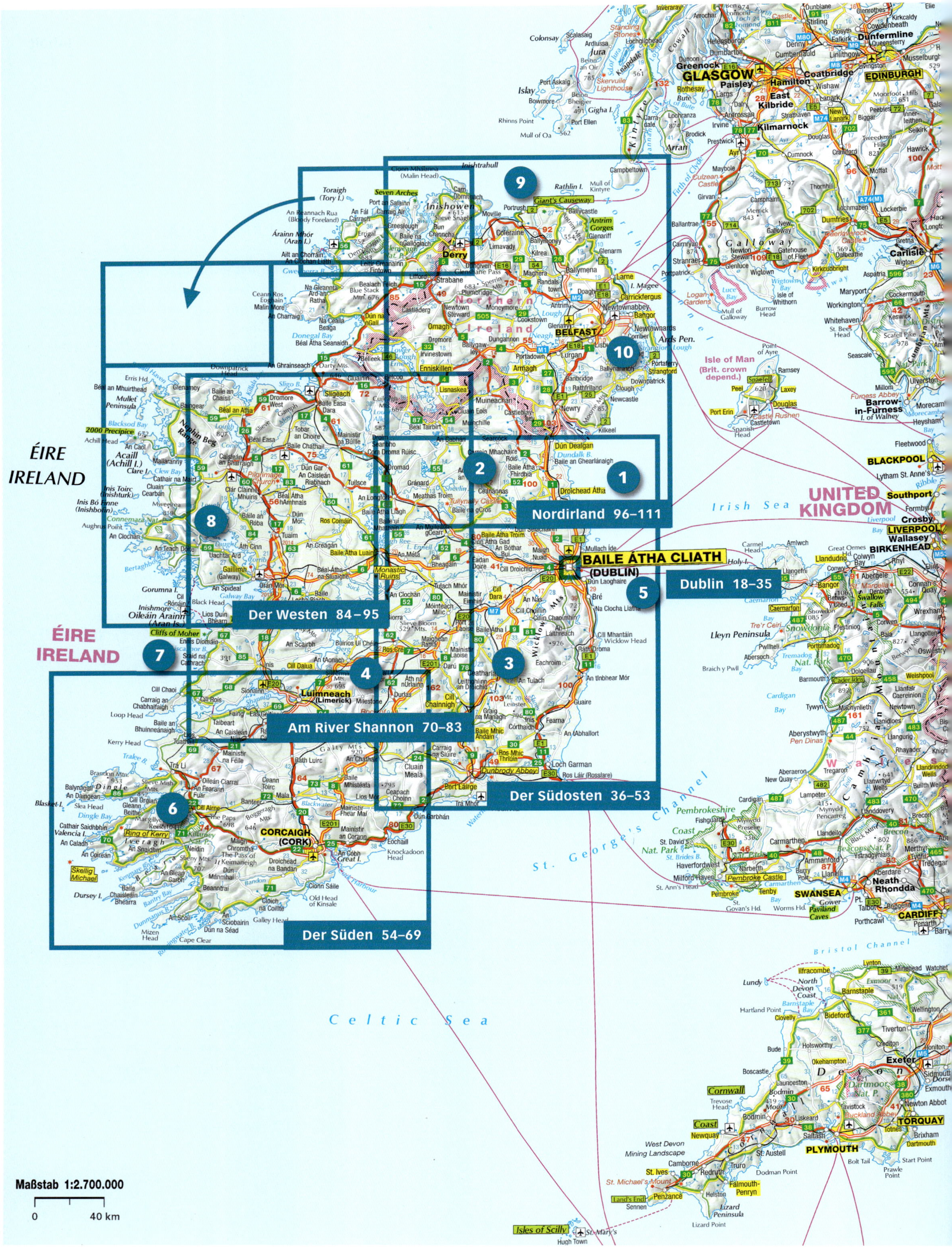

1 Nordirland 96–111
2
3
4
5 Dublin 18–35
6
7
8
9
10
Der Westen 84–95
Am River Shannon 70–83
Der Südosten 36–53
Der Süden 54–69
ÉIRE
IRELAND
UNITED
KINGDOM
BAILE ÁTHA CLIATH
(DUBLIN)
BELFAST
GLASGOW
EDINBURGH
CORCAIGH
(CORK)
Luimneach
(Limerick)
Derry
Irish Sea
Celtic Sea
St. George's Channel
Bristol Channel
North Channel
Isle of Man
(Brit. crown
depend.)
LIVERPOOL
BLACKPOOL
SWANSEA
CARDIFF
PLYMOUTH
TORQUAY
Maßstab 1:2.700.000
0
40 km

Topziele

Die bedeutendsten Sehenswürdigkeiten an der irischen Küste und im Hinterland, die Sie keinesfalls versäumen sollten, haben wir auf dieser Seite für Sie zusammengestellt. Auf den Infoseiten finden Sie das jeweilige Highlight als ▶ **TOPZIEL** *gekennzeichnet.*

KULTUR

1 *Monasterboice*
Die über 1000 Jahre alten Hochkreuze zählen zu den schönsten der Insel.
Seite 51

2 *Eingang in die Unterwelt*
Das Ganggrab von Newgrange – beeindruckendes Heiligtum der Frühzeit.
Seite 51

3 *Ruinen von Glendalough*
Das Kloster mit dem 30 m hohen Rundturm liegt romantisch an zwei Seen in den Wicklow Mountains.
Seite 51

4 *Rock of Cashel – Irlands Akropolis*
Die berühmte, einst religiöse und politische Hochburg zeugt noch heute von ihrer früheren Größe.
Seite 53

NATUR

5 *Powerscourt Gardens*
Englisch-irische Gartenkunst mit imposantem Herrenhaus – eine überaus gelungene Kombination.
Seite 51

6 *Ring of Kerry*
Eine der schönsten Panoramastraßen Europas rundum die Halbinsel Iveragh.
Seite 68

7 *Cliffs of Moher*
Die spektakuläre Steilküste am Atlantik ist ein absolutes Highlight.
Seite 83

8 *Connemara*
Eine wildromantische Landschaft mit Mooren, Bergen, Seen und Küsten.
Seite 94

9 *Naturwunder Giant's Causeway*
Der „Damm des Riesen" besteht aus rund 40 000 Basaltsäulen.
Seite 111

ERLEBEN

10 *Crown Liquor Saloon*
Das stilvollste und berühmteste Pub in Belfast steht heute unter Denkmalschutz.
Seite 109

SZENETREFF

Temple Bar ist in: Das etwas heruntergekommene, einstige Handwerkerviertel ist inzwischen zu dem Szenetreff in Dublin avanciert. In die renovierten alten Gebäude zogen Künstler und Studenten ein, eröffneten Galerien, Kneipen und flippige Läden. Auch die Kultur kommt nicht zu kurz, vom Filminstitut bis zur Schauspielschule haben sich diverse Institutionen hier niedergelassen. Ob man einem Maler in seinem Studio über die Schulter schaut oder in einem der ungezählten Pubs ein Bier genießt – in Temple Bar ist immer etwas los.

HE TEMPLE BAR
THE TEMPLE BAR
BEER GARDEN
LIVE MUSIC DAILY
PLE BAR
TEMPLE BAR
THE EMPEROR OF

ARCHITEKTONISCHE ZEUGNISSE

Ross Castle auf einer Halbinsel im Lough Leane im Killarney National Park entstand wahrscheinlich schon im 15. Jh. Einen ausgesprochen wehrhaften Charakter zeigen viele Schlösser in Irland, angesichts der vielen Eroberungsversuche kein Wunder. Ross Castle war die letzte bedeutende Festung, die Oliver Cromwell Widerstand leistete. Eindrucksvoll ist die Verbindung von romantischer Landschaft und mächtiger Architektur.

SPORTBEGEISTERUNG

Irgendwo wird immer ein Rennen oder ein Spiel ausgetragen – Hurling, Rugby, Fußball oder Golf. Und an 240 Tagen des Jahres laufen Vollblüter um Platz und Sieg, wie hier in Curragh, im Pferdezuchtgebiet des County Kildare. Beim Irish Derby Anfang Juli treffen sich die besten Dreijährigen auf der Galopprennbahn. Auch die Besucher(-innen) können sich sehen lassen, ein Hauch von Ascot ist deutlich zu spüren.

SCHAUSPIELE DER NATUR

Die Insel mit ihren schroffen Küsten, kleinen Buchten und sanft gerundeten Hügeln übt einen besonderen Reiz aus. Grüntöne in allen erdenklichen Schattierungen wirken beruhigend, faszinierend sind die ständig wechselnden Lichtstimmungen wie hier am Fanad Head in Donegal mit seinem bekannten Leuchtturm.

STÄDTE MIT FLAIR

Zahlreiche irische Städte erweisen sich als überaus reizvoll und bieten viel Abwechslung. Ausgesprochen fröhlich wirkt Cork im Süden der Insel mit seinem bedeutenden Hafen. Das alljährlich stattfindende Film Festival genießt ebenso wie das Jazz Festival internationales Renommee, beim Folk Festival ist die ganze Stadt auf den Beinen. Die lebendige Atmosphäre und das rege kulturelle Leben haben Cork 2005 die Auszeichnung als Kulturhauptstadt Europas eingebracht.

Europäische Boomtown

Die von Hügeln begrenzte und an einer weiten Meeresbucht gelegene Hauptstadt Irlands hat sich zu einer aufstrebenden Boomtown Europas gemausert. Stand die überschaubare „Fair City“ früher in dem Ruf, Trends mit einigen Dutzend Jahren Verzögerung zu registrieren, so setzt sie heute selbst Impulse. Dabei bilden die reiche Geschichte und Kultur des Landes mit der wirtschaftlichen Entwicklung und Avantgardekunst keine Gegensätze. Der besondere Charme der jung gebliebenen Stadt zieht mehr Besucher an als je zuvor.

St. Patrick's Day, den irischen Nationalfeiertag am 17. März, feiert man in Dublin fünf Tage lang.

Wie wäre es mit einer Stadtrundfahrt mit der Pferdekutsche?

Als Paradies für Bücherwürmer erweist sich die Bibliothek im altehrwürdigen Trinity College.

Der Fluss Liffey teilt Dublin in einen Nord- und einen Südteil.

Four Courts – Hochburg der Gerichtsbarkeit

Dublin steht seit mehr als tausend Jahren als politisches, ökonomisches und kulturelles Zentrum des Landes im Mittelpunkt der wechselhaften irischen Geschichte.

Wer nach Dublin reist, spürt Aufbruchsstimmung, trotz finanzieller Turbulenzen in Europa. Die einst geruhsame Innenstadt der früheren Provinzmetropole brummt vor Leben. Die Ladenmieten in der zentralen Grafton und der O'Connell Street stehen denen in London, New York oder Tokio um nicht mehr viel nach. Im früheren Hafengebiet entsteht ein komplett neues Wohn- und Geschäftsviertel. Frisch ausgebaute Straßen, oft aus Geldern der Europäischen Union mitfinanziert, führen von der Hauptstadt über die Insel.

Das einstige Armenhaus im Westen Europas hatte sich in den 1990er-Jahren wirtschaftlich rasant nach vorn katapultiert. Der „keltische Tiger" – eine Referenz an die dynamischen Ökonomien Ostasiens – war mit einem mächtigen Satz an der europäischen Spitze gelandet. Dabei war Irland von der Immobilien- und Finanzkrise besonders betroffen. Die Banken gerieten an die Grenze ihrer Finanzkraft, der überschuldete Staatshaushalt musste drastisch sparen. Inzwischen scheint sich Irland wieder gesundzuschrumpfen. Dublin blieb dabei eine Hauptstadt fast ohne Hochhäuser. So finden sich Besucher in der „handlichen" Innenstadt, in der die meisten Sehenswürdigkeiten in Fußgängerentfernung des Kreuzungsbereiches der O'Connell und der Grafton Street mit dem nach Osten fließenden Liffey liegen, schnell zurecht.

TAUSENDJÄHRIGE GESCHICHTE

Dublin steht seit über 1000 Jahren als politisches, ökonomisches und kulturelles Zentrum des Landes im Mittelpunkt der wechselhaften irischen Geschichte. Als die Wikinger um 988 einen Stützpunkt am Unterlauf des Liffey errichteten – dort, wo das Flüsschen Poddle bei einem dunklen, schlammigen Pfuhl, einem „Duibh Llinn", einmündete –, lebten schon seit Längerem keltische Bauern verstreut im Flusstal. Später befestigten Normannen von der großen englischen Nachbarinsel die Anhöhe südlich des Liffey, der hier durch eine Furt gequert werden konnte, mit einem Bollwerk. „Befestigung an der Hürdenfurt" – Baile Átha Cliath – lautet noch heutzutage der gälische Name der irischen Hauptstadt.

Nachdem die irischen Stammesfürsten König Heinrich II. von England gehuldigt hatten, wurden Dublin und der „The Pale" genannte unmittelbare Einflussbereich im 12. Jh. endgültig zu einer Zitadelle englischer Herrschaft. Später hielt hier der britische Vizekönig Hof, und das Parlament der protestantischen Oberschicht tagte bis zu seiner Auflösung an der Wende zum 19. Jh. So

Bis 1919 musste ein Wegezoll für die Halfpenny Bridge über den Liffey entrichtet werden.

In der St Patrick's Cathedral ist der Schriftsteller Jonathan Swift begraben.

fanden sich von der normannischen, „Early English" genannten Frühgotik bis zur georgianischen und viktorianischen Architektur alle in London herrschenden Baustile mit leichter Verzögerung auch in Dublin wieder.

Immer wieder nahmen Unruhen der unterdrückten irischen Bevölkerung ihren Ausgangspunkt in der Hauptstadt. Doch erst die blutige Niederschlagung der Osterrebellion 1916, deren Anführer im Kilmainham-Gefängnis der Stadt hingerichtet wurden, mündete in einen siegreichen Unabhängigkeitskampf, der Irland 1921 zum Freistaat machte.

In Dublin kommt auch nachts keine Langeweile auf.

PUBKULTUR UND GUTE LAUNE

Dublin ist nicht nur Wirtschafts- und Verwaltungszentrum des Landes. Fast ein Drittel der Einwohner der Republik Irland lebt in oder in unmittelbarer Nähe der Metropole. Hier sind Verlage, Zeitungen, Theater, Rundfunk- und TV-Studios zu Hause. Seit jeher ist Dublin Anziehungspunkt für Künstler, Literaten und Wissenschaftler, die offene Atmosphäre zieht alle an, die sich von der Enge ländlicher Konventionen bedrängt fühlen. Fast alle irischen Dichter und Schriftsteller, ob Jonathan Swift, Oscar Wilde, ob James Joyce oder Brendan Behan, hielten sich zumindest einige Jahre ihres Lebens in der Inselhauptstadt – und nicht selten auch in ihren Pubs – auf. Rund 850 dieser manchmal von Jahrhunderten dunkel geräucherten Pubs, Public Places, Cafés oder trendigen Bistros allein in Dublin bilden noch immer das traditionelle Podium irischer Kommunikationsfreude, die sich mit „Craic", der sprichwörtlichen lebhaften irischen Stimmung, und nicht selten mit dem Genuss eines Guinness verbindet. Wer der Meinung ist, das Dunkelbier müsse überall gleich schmecken, wird im Pub schnell eines Besseren belehrt. Zwar unterscheidet sich der Inhalt der aus der Dubliner Brauerei angelieferten Fässer nicht voneinander, das Können der Wirte, mit richtiger Lagertemperatur, Zapfgeschwindigkeit und Neigungsgrad des

In den Pubs von Dublin kann man über Gott, das Wetter und die Welt diskutieren, Frust und Freude mit anderen teilen, Musik und Literaten zuhören oder einfach in aller Ruhe ein frisch gezapftes Guinness genießen.

Ein Theater mit Stil – das schon 1837 gegründete Gaiety Theatre

Pubs sind die Wohnzimmer Dublins: Treffpunkt, Nachrichtenbörse und Freizeitzentrum in einem.

Modernes Design in einer Kirche aus dem 18. Jh.– Keating's Bar und Restaurant im Zentrum Dublins ist berühmt für seine außergewöhnliche Ausstattung.

„Sláinte!" (Zum Wohl!)

Im Guinness Storehouse erfährt man alles über den Siegeszug des „Schwarzen Golds".

Special FOLK MUSIC

Die Erben irischer Barden

Das „All Ireland Fleadh" gilt als das musikalische Hauptereignis Irlands. Am letzten Augustwochenende zieht es, jedes Jahr in einer anderen Stadt, rund 4000 Musiker und 150000 Fans irischer Folkmusik an.
Akkordeons, Flöten, Ziegenfelltrommeln, dazu Banjos, Gitarren und die Fidel gehören zu den traditionellen Musikinstrumenten, die nicht nur auf den großen Fleadhs (sprich: Flahs), sondern auch in den Singing Pubs Irlands oder bei Straßenmusikern zum Einsatz kommen. Irische Musik ist so alt wie die Berge, heißt es. Zumindest aus keltischer Zeit sind Barden an den Fürstenhöfen überliefert, die zur Harfe allerlei Geschichten vortrugen. Die „Dubliners" und die „Chieftains" haben irische Folkmusik schon in den 1960er-Jahren weit über die Grüne Insel hinaus bekannt gemacht.

Glases unter dem Hahn die Flüssigkeit zu „Schwarzem Gold" mit festem cremigem Schaum zu verbinden, schon.

DIE HÖCHSTE PUBDICHTE DER STADT

Im alten Stadtviertel Temple Bar, gleich südlich dem Liffey und nach Osten begrenzt vom traditionsreichen Trinity College, finden Besucher die höchste Pubdichte der Stadt. Früher hatten Buchdrucker, Uhrmacher und andere Handwerksbetriebe hier ihre Werkstätten. Später, in den 1970er-Jahren, gab es Pläne für ein großes Busdepot. Heute denkt keiner mehr daran, das Szene-Viertel mit seinen verwinkelten Kopfsteingassen niederzureißen, in dem neben Pubs und Restaurants auch Galerien, Theater, Musikklubs, Kinos und Geschäfte mit Kitsch und Kunst zu Hause sind.

Angefangen hat im Grunde alles mit Arthur Guinness, der 1759 am St. James's Gate eine stillgelegte Brauerei pachtete und Bier zu brauen begann. In London hatte er gesehen, dass ein Dunkelbier bei den Marktträgern (Porters) von Covent Garden sehr beliebt war, und so brachte er nach einigen Jahren selbst ein „Porter" auf den Markt. Gerste, Hopfen, Hefe und Wasser aus den Wicklow Mountains, in der richtigen Zusammensetzung und Reihenfolge kombiniert, ergibt ein dunkles Bier mit malzigem Aroma und leicht bitterer Note, das sich durch eine cremig-schaumige Blume auszeichnet.

Guinness wird rund um den Globus getrunken, die Brauerei gehört inzwischen zu den größten der Welt. Allein der Braukomplex in Dublin erstreckt sich über 25 Hektar. Dank seiner traditionell kreativen Werbeabteilung, die seit dem Jahr 1929 den noch immer aktuellen Spruch „Guinness is good for you" mit originell-witzigen Plakaten unterlegte, ist das Bier sogar bei Abstinenzlern ein Begriff.

„Guinness is good for you" gilt seit 250 Jahren – das dunkle Bier ist weltweit bekannt.

JAMES JOYCE

Dichtertitan im Exil

Er lebte nur bis zu seinem 22. Lebensjahr in Irland und ist in Zürich begraben. Doch mit seiner Geburtsstadt Dublin blieb James Joyce trotz langer Aufenthalte in Paris, Triest, Rom und Zürich ein Leben lang verbunden.

Auf den Spuren von James Joyce in Dublin bei einer Lesung in historischer Kleidung

Touristen aus Japan, Deutschland und den USA zücken ihre Kameras und lassen sich neben der Bronzestatue in Dublins Earl Street North ablichten. Eine Schulklasse aus Frankreich umringt die schlaksige Figur, die mit schrägem Hut und Brille gar nicht so wie ein Dichterfürst aussieht. Doch die Popularität von James Joyce, dessen Standbild in Dublins Zentrum zu den Fixpunkten jedes Stadtrundgangs gehört, ist auch mehr als 70 Jahre nach seinem Tod ungebrochen. Für die vielen James-Joyce-Verehrer ist ohnehin der 16. Juni höchster irischer Feiertag, noch vor dem St. Patrick's Day. Denn dieser Tag ist „Bloomsday", der Tag, an dem der Autor des „Ulysses" seinen Helden Leopold Bloom einen Tag durch Dublin treiben lässt und dessen Erlebnisse, Gedanken und Assoziationen als Roman gestaltete. Hunderte von Joyce-Jüngern ziehen dann durch die Straßen Dublins, gekleidet wie im frühen 20. Jh., die Herren in schwarzen Anzügen, gestreiften Westen und mit Strohhüten, die Damen in Spitzenblusen, langen Röcken und mit Federhüten. An einzelnen Stationen des Weges, den der Anzeigenverkäufer Bloom im Roman zurücklegt, werden die entsprechenden Passagen aus dem „Ulysses" deklamiert, dann geht es weiter. Der Davy Burnes Pub in Dublins Duke Street hat es so zu Weltruhm gebracht. Denn hier kehrte Leopold Bloom auf ein Glas Burgunderwein und ein Gorgonzola-Sandwich zum Lunch ein, seitdem der Renner auf der Speisekarte.

Das James-Joyce-Denkmal an der Earl Street North gehört zum Pflichtprogramm bei einem Rundgang durch Dublin.

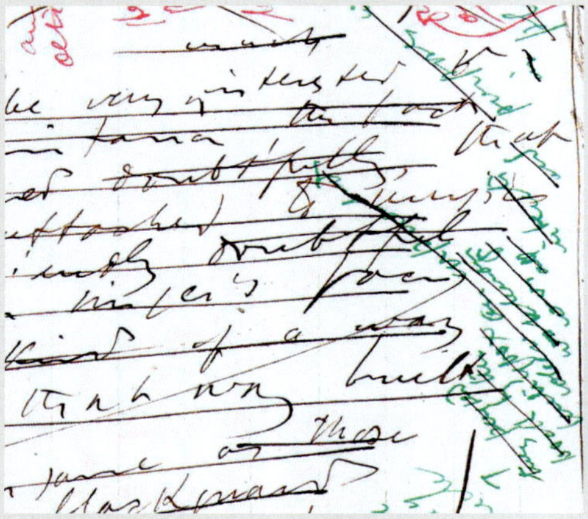

Heftig bearbeitet zeigt sich das Manuskript für das weltberühmte Werk „Ulysses". Dieses wie auch andere Bücher von und über James Joyce fehlen in keiner Dubliner Buchhandlung.

James Joyce wählte den 16. Juni mit Bedacht, es war der Tag, an dem er im Jahre 1904 seine Lebensgefährtin Nora Barnacle kennengelernt hatte. Und so gibt der inzwischen weltweit zwischen Tokio und Triest von Joyce-Verehrern gefeierte Bloomsday eine überzeugende Antwort auf die Frage: „Heute, 16. Juni 1924, zwanzig Jahres später. Wird sich irgendjemand an das Datum erinnern?", die James Joyce seinem Notizbuch anvertraute. Aufbau und Struktur des an Homers Odyssee angelehnten Romans, dessen Irrfahrt im Mittelmeer Joyce für seinen Helden Bloom als Spaziergang durch Dublin anlegte, verbinden die Etappen dieses Weges jeweils mit der nächsten Stunde des Tages, mit einer Farbe, einem Organ des Körpers, einem Bereich der Wissenschaft und einem Symbol. Eine neue, „Bewusstseinsstrom" genannte Erzähltechnik wechselt zwischen Beschreibungen, Reflexionen, Abschweifungen und inneren Monologen. Das nicht einfach zu lesende Werk erregte wegen einiger sexueller Szenen großes Aufsehen und wurde 1920 in Großbritannien und den USA wegen „Obszönität" verboten. Zwei Jahre später publizierte eine Buchhändlerin in Paris den Roman in zensierter Form.

Das komplizierte Verhältnis von Joyce zum britisch besetzten Irland und dem Katholizismus hatte sich schon lange vorher offenbart. James wurde 1882 als ältester Sohn von John Joyce, einem gescheiterten Kalkbrenner, Salinenbesitzer und Steuereinnehmer geboren. Seine Mutter Mary Jane Murray gebar noch elf weitere Kinder. Solange die Familie das Schulgeld bezahlen konnte, wurde James in einem Jesuitencollege unterrichtet. Später dankte er einmal den Ordensbrüdern für das Wissensfundament, lehnte aber gleichzeitig deren religiöse Unterweisung ab. Nach ersten literarischen Schritten kehrte er unter dem Vorwand, in Paris Medizin studieren zu wollen, mit 20 Jahren Dublin den Rücken. Als seine Mutter im Sterben lag, kehrte er kurz zurück, weigerte sich aber, an ihrem Totenbett zu beten. Mit seiner Freundin Nora brach er 1904 wieder auf, u.a. nach Pola und Triest. In dieser Zeit schrieb Joyce die meisten Kurzgeschichten des „Dubliner", den Gedichtband „Kammermusik" („Chamber Music") sowie „Stephen der Held" („Stephen Hero"), außerdem Teile des 1916 erschienenen halbbiografischen Romans „Jugendbildnis" („Portrait of the Artist as a Young Man"). Seine Lebensgefährtin Nora, mit der er bereits zwei Kinder hatte, heiratete er erst 1931. Bei Ausbruch des Ersten Weltkriegs siedelte Joyce in die neutrale Schweiz über. Ab 1920 in Paris, begann er nach dem „Ulysses" mit dem nächsten, noch komplizierteren Werk, „Finnegans Wake". 1940 kehrte er mit seiner Familie nach Zürich zurück. Nur ein Jahr später, am 13. Januar 1941, starb Joyce an den Folgen eines Darmdurchbruchs. Die irische Regierung verweigerte die Überführung seines Leichnams nach Irland. Seine Frau lehnte das Lesen einer Begräbnismesse durch einen Priester ab, da sie „ihm dies nicht antuen könne". So liegt James Joyce in einem Ehrengrab der Stadt Zürich auf dem Friedhof Fluntern.

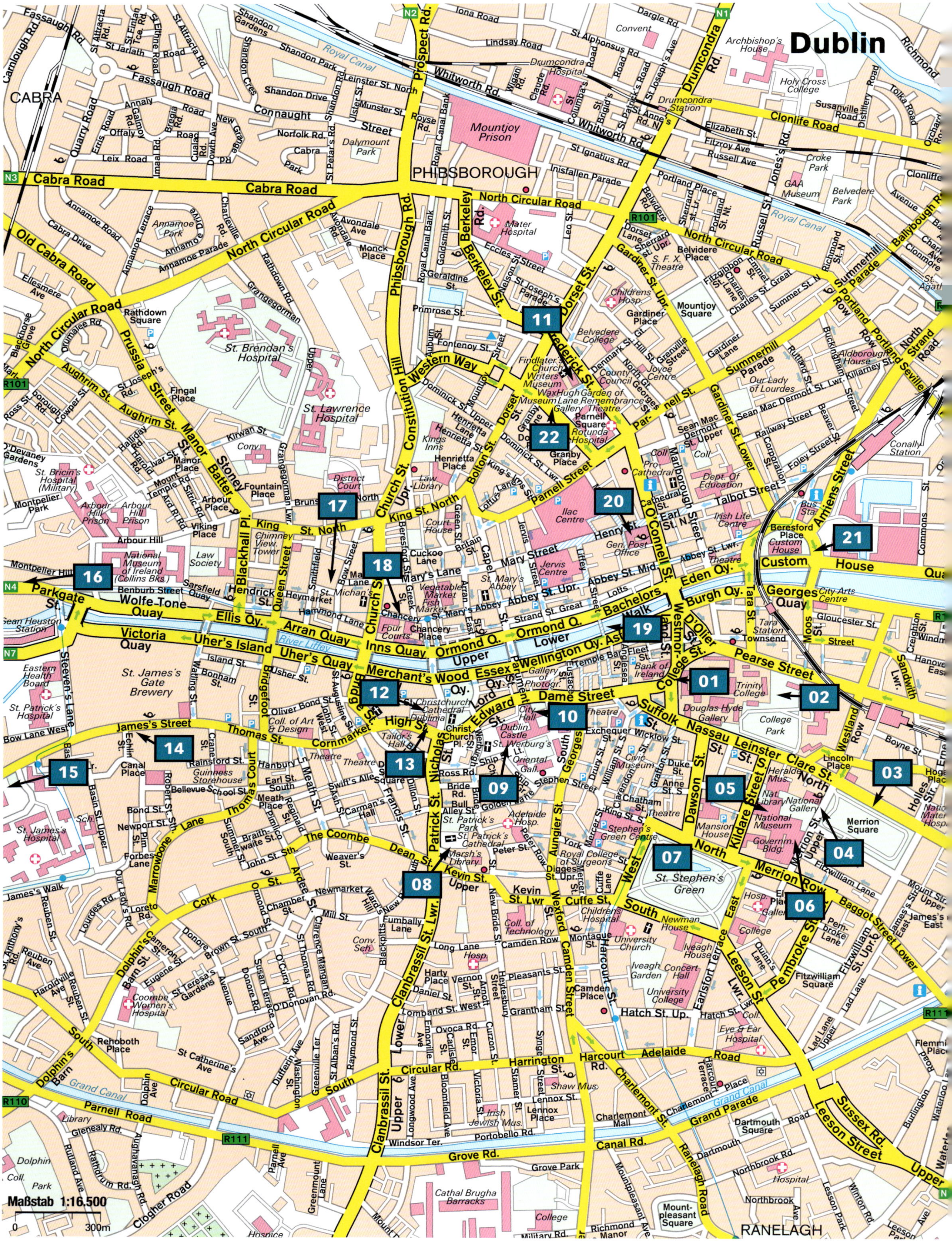

Dublin
Maßstab 1:16.500
0
300m
01
02
03
04
05
06
07
08
09
10
11
12
13
14
15
16
17
18
19
20
21
22
N1
N2
N3
N4
N7
R101
R110
R111
CABRA
PHIBSBOROUGH
RANELAGH
Cabra Road
North Circular Road
Old Cabra Road
Prussia Street
Aughrim St.
Manor Street
Stoneybatter
Phibsborough Rd.
Constitution Hill
Church St.
Western Way
Dorset St.
Berkeley Rd.
Mountjoy Prison
Mater Hospital
St. Brendan's Hospital
St. Lawrence Hospital
Royal Canal
Grand Canal
River Liffey
Whitworth Rd.
Drumcondra Rd.
Clonliffe Road
Croke Park
Mountjoy Square
Gardiner St. Lower
Parnell Street
Parnell Square
Rotunda Hospital
O'Connell St.
Henry St.
Gen. Post Office
Ilac Centre
Jervis Centre
Custom House
Custom House Quay
George's Quay
Eden Qy.
Burgh Qy.
Bachelors Walk
Ormond Q. Upper
Ormond Q. Lower
Inns Quay
Arran Quay
Ellis Qy.
Wolfe Tone Quay
Parkgate St.
Victoria Quay
Usher's Island
Usher's Quay
Merchant's Quay
Wood Qy.
Essex Qy.
Wellington Qy.
Four Courts
St. Michan's
Smithfield
National Museum of Ireland (Collins Bks.)
Heuston Station
St. James's Gate Brewery
James's Street
Thomas St.
High St.
Christchurch Cathedral
Dublin Castle
Dame Street
City Hall
Temple Bar
Trinity College
College Park
Pearse Street
Nassau St.
Leinster St.
Clare St.
Merrion Square
Merrion Row
National Gallery
National Museum
Govern. Bldg.
Kildare Street
Dawson St.
Grafton St.
St. Stephen's Green
St. Stephen's Green Centre
Royal College of Surgeons
Cuffe St.
Kevin St.
Patrick St.
St. Patrick's Cathedral
Marsh's Library
The Coombe
Cork St.
Clanbrassil St. Lower
Clanbrassil St. Upper
South Circular Rd.
Harrington St.
Adelaide Road
Harcourt Rd.
Camden Street
Wexford St.
Aungier St.
Leeson St.
Fitzwilliam Square
Pembroke St.
Baggot Street Lower
Grand Parade
Charlemont St.
Ranelagh Road
Leeson Street Upper
Sussex Rd.
Grove Rd.
Canal Rd.
Parnell Road
Dolphin's Barn
Cathal Brugha Barracks
Iveagh Gardens
University College
National Concert Hall
Eye & Ear Hospital
Coombe Women's Hospital
St. James's Hospital
Dublin Writers' Museum
Hugh Lane Gallery
Garden of Remembrance
Gate Theatre
Abbey Theatre
Amiens Street
Connolly Station
Tara Station
Pearse Station
Townsend St.
Westland Row
Summerhill Parade
Portland Row
North Strand Road
Seville Pl.
Belvedere College
Archbishop's House
Holy Cross College
Drumcondra Station
GAA Museum

Am Puls der Zeit

Seit mehr als 1000 Jahren wird in Dublin Politik gemacht, von Kelten, Wikingern, Normannen, Engländern und Iren. Heute leben in der Hauptstadt Irlands und ihren Vororten über eine Million Menschen und damit fast jeder vierte Einwohner der Republik. Dublin ist nicht nur das politische, sondern auch das ökonomische und kulturelle Zentrum der Insel. Die Verbesserung der Infrastruktur in den letzten Jahren und eine junge, sehr aktive Bevölkerung haben die Attraktivität auch für ausländische Besucher erhöht.

INFORMATION

Discover Ireland Centre, Suffolk Street (in der ehem. Kirche von St Andrews), Dublin 2, Tel. 01850 23 03 30, www.visitdublin.com
Weitere Büros am Flughafen, in der 14 Upper O'Connell Street sowie am Ferry Terminal von Dun Laoghaire Harbour.

Tipp

Literatur in der Kneipe

So etwas kann es nur in Dublin geben, ein Literaturseminar in der Kneipe, zwischen Whiskey und Guinness. Nicht nur selbst ernannte Literaten, auch die Literaturtitanen Irlands fühlten sich in den Pubs zu Hause. Eine lockere Atmosphäre, in der alltägliche Sorgen weniger schlimm und die politische Lage nicht so bedrückend erschien, mag die Pub-Kultur beflügelt haben. Der Literarische Kneipenbummel (Literary Pub Crawl) beschränkt sich auf vier der 850 Kneipen Dublins, mehr könnte man in gut zwei Stunden auch nicht schaffen. Schauspieler zitieren aus den Werken von Joyce, Beckett, Behan, Mary Lavin oder Oscar Wilde und haben Anekdoten oder Spötteleien parat (www.dublinpubcrawl.com).

SEHENSWÜRDIGKEITEN

Südlich des Liffey

Der klassizistische Bau der **Bank of Ireland** **01** (Westmoreland Street) wurde 1729 als Sitz des irischen Parlaments errichtet; nachdem dieses 1802 aufgelöst worden war, erwarb die Nationalbank das Gebäude. Während der Schalterzeiten kann man einen Blick auf die getäfelten Räume des House of Commons und des House of Lords werfen. Vis-à-vis geht es durch den Toreingang in das **Trinity College** **02**, die 1592 gegründete traditionsreiche Universität Irlands. Vor allem die **Old Library** (1732; www.tcd.ie, Sommer tgl. 9.30–18.00 Uhr, Winter eingeschränkt) mit mittelalterlichen Handschriften lohnt den Besuch.
Die Häuser rund um den **Merrion Square** **03** gelten als Musterbeispiele für den schlichten georgianischen Baustil im 18. Jh., mit dekorativen farbigen Türen und schmiedeeisernen Balkonen als einzigem Fassadenschmuck. Eine lebensgroße Figur des Dramatikers Oscar Wilde (1854–1900), im Haus Nr. 1 aufgewachsen, räkelt sich auf einem Felsen beim Nordwesteingang des Parks. Im der National Gallery benachbarten, 1745 erbauten **Leinster House** **05** haben beide Kammern des heutigen irischen Parlaments ihren Sitz. Die Kildare Street stößt auf **St Stephen's Green** **07**, einen Ende des 19. Jh.s auf Kosten der Brauerei Guinness neu gestalteten Park.
Der älteste Teil des **Dublin Castle** **09** reicht bis ins 13. Jh. zurück; Anbauten stammen aus dem 17.–19. Jh. Inzwischen dienen große Teile der Anlage für Staatsempfänge und Konferenzen (www.dublincastle.ie, Mo.–Fr. 10.00–16.45, Sa./So. 14.00–16.45 Uhr). Nördlich schließt sich die **City Hall** **10** an; sie blickt auf eine turbulente Geschichte: war Börse, Kaserne und Verlies. Noch immer kann man zahlreiche Einschusslöcher vom Aufstand 1916 erkennen.

Nördlich des Liffey

Am Liffey River fällt die imposante neoklassizistische, säulengeschmückte Fassade der im 18. Jh. errichteten Gerichtsgebäude von **Four Courts** **18** ins Auge, bevor etwas weiter nach rechts die schmale gusseiserne **Half Penny Bridge** **19** (1816) den Fluss zum Stadtteil Temple Bar überquert. Die breite Einkaufsstraße O'Connell Street dominiert das wuchtige georgianische **General Post Office** **20** (1818), ein Monument in der Schalterhalle erinnert an die hingerichteten Führer des Osteraufstandes von 1916, die das Gebäude als Hauptquartier gewählt hatten. Benachbart ragt die Stahlnadel **Dublin Spire** als „Monument of Light" 120 m in die Höhe, genau dort, wo 1966 ein IRA-Kommando ein Denkmal Admiral Nelsons in die Luft gesprengt hatte. Das imposante georgianische

Im Besucherzentrum der Guinness-Brauerei

Custom House **21**, einst Hauptzollamt, erstreckt sich mit einer von Arkaden und Säulen geschmückten Front am Liffey River. Nur wenig weiter östlich darben ausgezehrte Gestalten – aus Bronze – am Flussufer. Das **Famine Memorial** erinnert an die Hunderttausende zählenden Opfer der großen Hungersnot 1845 bis 1849.
Im 700 ha großen **Phoenix Park** **16** befindet sich der bereits 1830 gegründete **Dublin Zoo** (nordwestl. des Zentrums, www.dublinzoo.ie; März–Okt. Mo.–Fr 9.00–17.00, Sa. 9.00–18.00, So. 9.00–10.30, 12.30–14.30, 16.30–18.00 Uhr, Nov.–Feb. Mo.–Sa. 9.00–17.00, So. 9.00–10.30, 12.30–14.30 Uhr).

Kirchen

Die beiden protestantischen Kathedralen Dublins liegen nicht weit voneinander entfernt. Die **Christ Church** **12** (Christ Church Place, www.christchurchdublin.ie) lag innerhalb der alten Stadtmauern; der normannische Bau aus dem 12. und 13. Jh. wurde im 19. Jh. neugotisch erneuert. Die nur wenige Schritte entfernte **St Patrick's Cathedral** **08** (Patrick's Close, www.stpatrickscathedral.ie; März–Okt. Mo.–Fr. 9.00–17.00, Sa./So. bis 18.00, Nov.–Feb. Mo.–Sa. 9.00–17.00, So. bis 14.30 Uhr) lag bei ihrer Gründung 1192 außerhalb der Stadtmauern; hier soll der hl. Patrick die ersten Iren zum christlichen Glauben bekehrt haben. Auch diese Kirche wurde im 19. Jh. – mit einer Spende von Guinness – gründlich renoviert. Das Innere des mit 93 m längsten Gotteshauses Irlands zeigt sich in frühem englischen Stil und mit einem wuchtigen Glockenturm aus dem 14. Jh.; nahe dem Eingang liegt Jonathan Swift (1667–1745, „Gullivers Reisen") begraben, 1713–1745 Dekan.

Infos

Museen

National Gallery 04 Die 1864 eröffnete Nationalgalerie zeigt Werke europäischer Künstler von El Greco bis Caravaggio. Exponate zur irischen Malerei gruppieren sich um eine Werkschau Jack Butler Yeats, Bruder des Dichters William Butler Yeats (Merrion Square, www.nationalgallery.ie; Mo.–Sa. 9.30–17.30, Do. 9.30–20.30, So. 12.00–17.30 Uhr).

National Museum 06 Das Nationalmuseum betritt man von der Kildare Street aus; u.a. dokumentiert es die Unabhängigkeitsbewegung und zeigt Funde aus vor- und frühgeschichtlicher Zeit (Kildare Street, www.museum.ie; Di. bis Sa. 10.00–17.00, So. 14.00–17.00 Uhr).

Municipal Gallery of Modern Art 22 Die Galerie am Parnell Square ist wegen der gut vertretenen Impressionisten und der modernen irischen Kunst von Interesse (www.hughlane.ie; Di.–Do. 10.00–18.00, Fr. und Sa. 10.00–17.00, So. 11.00–17.00 Uhr). Gleich daneben werden die Schriftsteller der Stadt im **Dublin Writers Museum** 11 mit einer umfangreichen Ausstellung geehrt (www.writersmuseum.com; Mo.–Sa. 10.00–17.00, So. 11.00–17.00 Uhr).

Dublinia 13 Ein Brückengang führt von der Christ Church über die Straße zur Synod Hall, in der eine multimediale Show zur mittelalterlichen Stadtgeschichte gezeigt wird (St Michael's Hill, www.dublinia.ie; März–Sept. tgl. 10.00–17.00, sonst bis 16.30 Uhr).

Kilmainham Gaol 15 Hier wird eine düstere Seite der irischen Geschichte gezeigt; von 1796 bis zur Schließung 1924 wurden in Kilmainham neben Kriminellen auch viele irische Freiheitskämpfer eingekerkert und hingerichtet (Inchicore/Emmet Road, westl. außerh. des Kartenausschnitts, www.heritageireland.ie; April–Sept. tgl. 9.30–18.00, sonst Mo.–Sa. 9.30–17.30, So. 10.00–18.00 Uhr, Führungen).

Guinness Brewery 14 Die Brauerei breitet sich beiderseits der St James's Street aus. Im ehem. Bierlager informiert eine gut gemachte Ausstellung über die Geschichte des Bieres; oben im Gebäude erwartet die Besucher ein kostenloser Guinness-Ausschank mit Panoramablick über die Stadt (St James's Gate, www.guinness-storehouse.com; tgl. 9.30 bis 17.00, Juli/Aug. bis 19 Uhr).

Old Jameson's Distillery 17 In den früheren Produktionsgebäuden wird heute eine Tour in die Geheimnisse der Whiskeyherstellung angeboten; Höhepunkt ist die Aussicht vom umgebauten, 56 m hohen Schornstein auf die Stadt (Bow Street, Smithfield Village, www.jamesonwhiskey.com; Mo.–Sa. 9.00–18.00, So. 10.00 bis –18.00 Uhr).

Auch in Irland wird begeistert Polo gespielt, wie hier im Dubliner Phoenix Park.

EINKAUFEN

In Boutiquen oder Kaufhäusern der Hauptstadt kann man auch viele **regionale Produkte** Irlands kaufen, beispielsweise im House of Ireland in der Nassau Street. Der Brown Thomas (BT) Department Store in der Grafton Street südl. des Liffey führt u.a. **irische Modedesigner.** Auch in den kleinen Nebenstraßen findet man viele nette Geschäfte. Im Temple-Bar-Distrikt lohnt es, nach **Secondhandkleidung,** nach **Modeschmuck** und **Musik-CDs** zu suchen. Gleich westl. davon, im Old-City-Viertel bei der Castle Street, gibt es neue Mode und allerlei Designer-Gebrauchsartikel.

KULTUR

Theater

Das **Abbey Theatre,** Irlands Nationaltheater, wurde 1904 von W. B. Yeats und Lady A. Gregory gegründet (26 Lower Abbey Street, Tel. 01 878 72 22, www.abbeytheatre.ie). Das **Focus Theatre** ist für seine Inszenierungen klassischer Stücke bekannt (6 Pembroke Street, Tel. 01 662 46 77, www.focustheatredublin.ie). Das älteste Theater der Stadt, das **Gaiety Theatre,** wurde 1871 gegründet (South King Street, Tel. 01 679 56 22, www.gaietytheatre.ie). Auf der Bühne des **Olympia** werden Theaterstücke und Konzerte gegeben (72 Dame Street, Tel. 01 679 33 23).

Musik

In der **National Concert Hall** treten Symphoniker auf, aber auch Jazz- und Popgrößen (Earlsfort Terrace, Tel. 4 17 00 00, www.nch.ie). In der **Button Factory** werden heute keine Knöpfe mehr gefertigt. Hier wird Musik gemacht (Curved Street/Temple Lane, www.buttonfactory.ie). In der **Vicar Street** treten Gruppen und Musiker aller Genres auf (58 Thomas Street, Tel. 01 775 58 00). Im **The Ruby Sessions** treten angesagte Musikgruppen und Solisten auf Jamsessions jeden Dienstag auf (9, College St., Tel. 01 67 10 61). Das **Midnight at the Olympia** ist vor allem am Wochenende mit Konzerten aktueller Musik ein Highlight für viele Musikfreunde (72 Dame Street, Tel. 01 679 33 23).

Veranstaltungen

St Patrick's Day wird mit Straßentheater und Umzügen gefeiert (um den 17. März).

Am **Bloomsday** (16. Juni) wird überall in der Stadt James Joyce' „Ulysses" gedacht. Auch gesellschaftlicher Spitzentermin ist die **Dublin Horse Show** mit Dressur, Springen und auffälligem Outfit (Aug.). Sportlich zeigt sich der Aug./Sept. mit **Liffey Swim** mitten in der Stadt, dem **All-Ireland Senior Hurling Final** und dem **All-Ireland Senior Football Final**.

STADTFÜHRUNGEN

Neben dem **„Hop on – Hop off City Bus"**, bei dem man einen Tag beliebig oft ein- und aussteigen kann (www.dublinsightseeing.ie), gibt es thematische Führungen, einen **„Literary Pub Crawl"** (s. S. 33), eine **„Historical Walking Tour"** auf den Spuren der Dubliner Geschichte

Tipp

Genuss für jedermann ...

... ist das Credo von Paul Cartwright, Chefkoch von Roly's Bistro. Zu dem Restaurant, 2010 als bestes von Dublin ausgezeichnet, gehört ein Café im Erdgeschoss, in dem auch delikate Gerichte serviert werden (7 Ballsbridge Terrace, Tel. 0668 26 11, www.rolysbistro.ie; tgl. geöffnet).

(www.historicaltours.ie; Start Eingang Trinity College) und eine **„1916 Rebellion Walking Tour"**, die Stationen des Aufstandes von 1916 nachvollzieht (www.1916rising.com; Start International Bar, 23 Wicklow Street).

HOTELS, RESTAURANTS, PUBS

Hotels

The Clarence am Ufer des Liffey gehört Bono und Edge von „U2". In der coolen Octagon Bar gibt es Cocktails, das elegante Tea-Room Restaurant serviert Gourmet-Küche (6 Wellington Quay, Temple Bar, Tel. 01 407 08 00, www.theclarence.ie; DZ über 140 €). Von den Zimmern im obersten Stockwerk im **Jury's Inn** hat man den besten Blick auf die imposante Kirche; die Zimmer sind geräumig und solide eingerichtet (Christ Church Place, Tel. 01 454 00 00, www.jurysinns.com; DZ ab 85 €). **Jacob's Inn** ist ein zentrales Hostel mit Mehrbett- und Doppelzimmern inkl. Frühstück (21 Talbot Place, Tel. 01 855 56 60, www.jacobsinn.ie; DZ ab 25 €).

Restaurants

Im **Green House** gibt es moderne irische Küche mit fantasievollen Gerichten (Stephens Green/Dawson Str., Tel. 1 676 70 15, www.chapteronerestaurant.com). **Lord Edward** kennt als ältestes Fischrestaurant der Stadt allein ein Dutzend Zubereitungsarten für Seezunge (23 Christ Church Place, Tel. 01 454 24 20; So.–Di. geschl.; 18–40 €).

Die **ely bar & brasserie** ist eine Mischung aus Weinbar und Restaurant in einem früheren Tabak- und Weinlager. Die Zutaten für die leckeren Gerichte stammen vorzugsweise aus der Umgebung der Stadt (CHQ Building, Georges Dock, Dublin 1, Tel. 01 672 00 10, www.elywinebar.ie; 16–30 €).

Pubs

Im **Brazen Head** tranken einst Literaten und Freiheitskämpfer – es ist immer noch schwer, einen freien Platz zu bekommen, besonders wenn abends Livemusik spielt (20 Lower Bridge Street, Tel. 01 677 95 49).

Bei Rugby-Spielen kann es im **Doheny & Nesbitt** voll werden. Frauen bestellten sich in früheren Zeiten ihre Drinks in kleinen, sichtgeschützten Privatkabinen (5 Lower Baggot Street, Tel. 01 676 29 45).

Der Traditionspub **Mulligan's** weigert sich standhaft zu modernisieren – und das ist gut so (8 Poolbeg Street, Tel. 01 677 55 82).

Die **Palace Bar** ist ein Pub-Klassiker über zwei Stockwerke, mit lockeren Barsprüchen an den Wänden und gut gezapftem Guinness (21 Fleet Street, Tel. 01 671 73 88).

DuMont Aktiv

Golf in und um Dublin

Golfer sind sich einig: Grüner als in Irland kann ein „Green" nicht sein. Hinzu kommen Dutzende auch öffentlicher Plätze rund um Dublin wie im ganzen Land und verträgliche Preise. Selbst Zuschauer kommen bei den vielen hochklassigen Turnieren auf ihre Kosten.

Bei einer steifen Brise müssen Golfer auch die Windgeschwindigkeit in ihren Schlag einkalkulieren, eine echte Herausforderung. Trotz dieses erhöhten und in Irland nicht gerade unüblichen Schwierigkeitsgrades gibt es allein rund um Dublin mehr als 60 Golfplätze, im ganzen Land rund 400. Es ist eindeutig: Golfen ist auf der Grünen Insel Volkssport und keine exklusive Freizeitbeschäftigung. Bei einigen Anlagen können Arbeitslose morgens für eine deutlich reduzierte Gebühr spielen.

Golf ist in Irland ein Volkssport.

Der Golfsport hat eine lange Tradition in Irland, schon 1881 wurde der erste Platz angelegt. Inzwischen schlagen über 10 Prozent der Iren die kleine weiße Kugel regelmäßig über die Rasenflächen, die meist landschaftlich sehr reizvoll gelegen sind. Green Fees bewegen sich zwischen 15 und 40 Euro, viele Teatimes lassen sich auch Online buchen. Bei den meisten Plätzen sind dazu Gäste willkommen, Platzreife natürlich vorausgesetzt. Wer einen Golfpass für mehrere Anlagen und Clubs kauft, kann jeden Tag woanders spielen und spart noch dabei.

Je kleiner das Handicap, umso besser

DIE WICHTIGSTEN INTERNETADRESSEN

Informationen zum Golfen in und um Dublin bietet die Website der Stadt: ***www.visitdublin.com*** oder ***www.dublingolf.com***. Wer sich über das Golfen in anderen Landesteilen schlaumachen will, der findet auf der offiziellen Webseite Irlands ***www.discoverireland.com*** ausführliche Informationen und Anregungen. Darüber hinaus bietet ***www.golfingireland.com*** eine sehr gelungene Zusammenstellung teils spektakulärer Plätze.

Burgen, Berge und Legenden

Die Landschaft im Südosten könnte nicht abwechslungsreicher sein: Buchten und Strände an der Irischen See, fruchtbare Hügel, fischreiche Seen und Flüsse im Naturparadies der Wicklow Mountains. Nicht zuletzt das sonnige Klima macht die Region zum Urlaubsziel. Frühe Siedler aus der Steinzeit haben rätselhafte Bauten hinterlassen. Wikinger gründeten Wexford und Waterford als Handelsstützpunkte, später landeten hier Normannen aus England, um Irland zu erobern. Mittelalterliche Burgen wie die in Kilkenny und Cahir erinnern an ihre lange Herrschaft.

Mitten in den Wicklow Mountains ragen die Ruinen der früheren Abtei Glendalough auf.

Die Landspitze Howth Head ist beliebtes Ausflugsziel bei Dublinern.

Eingang in die „Unterwelt" von Newgrange

Pale nannten die Engländer den bis zu 100 Kilometer breiten Gürtel um Irlands Hauptstadt, den sie nach der Eroberung der Insel 1169 durch die Anglo-Normannen unter Richard de Clare bis zur Tudorzeit im 16. Jh. fest beherrschten. Die Weite der Landschaft mit ihren grünen Weiden wird von Hecken unterbrochen und die Bevölkerungsdichte geringer, je weiter man sich von Dublin entfernt. Hier stoßen Besucher auf viele Spuren irischer Geschichte. Die flache, von langen Sandstränden gesäumte Küste, im Sommer fest in der Hand von Ausflüglern und Urlaubern, bietet sich für Landgänge geradezu an. Der sonnenreiche Südosten gilt als die Irische Riviera.

VON GÖTTERN UND DRUIDEN

Die Baumeister der über 5000 Jahre alten steinzeitlichen Ganggräber im grünen Tal des Boyne River setzten ihre Pläne noch mehrere Hundert Jahre früher in die Tat um als die Architekten der ägyptischen Pyramiden. Der mächtige Grabhügel von Newgrange, „Cairns“ genannt, hat einen Durchmesser von 90 m und ist bis zu 15 m hoch. Er wurde eingefasst von einem Steinkreis mit wahrscheinlich 35 großen, menhirenähnlichen Findlingen, von denen 12 erhalten blieben. Zusammen mit dem Wall aus Quarzsteinen, der den Hügel begrenzt, und der Verkleidung des 19 m langen Grabganges sowie der Grabkammer mussten allein 200 000 Tonnen Felsen hierherbewegt werden. Die sorgfältig zu einer Kuppel geschichteten Schieferplatten des Grabgewölbes lassen auch nach über 5000 Jahren keine Feuchtigkeit eindringen.

Besucher des nicht weit entfernten, heute eher unscheinbaren „Hill of Tara“ müssen für die besondere Stimmung dieses symbolträchtigen Ortes empfänglich sein, an dem sich Mythen und Geschichte miteinander verbinden. Wer die Hügel und Wälle aus der Vogelperspektive sehen könnte, würde die Grundrisse des Ringforts deutlich aus-

Im Sommer finden am Strand von Laytown Galopprennen statt.

Eine Vielzahl schön gestalteter Hochkreuze findet man im einstigen Kloster Monasterboice.

Bei der Steam Rallye in Stradbally fährt alles mit Dampf.

Killruddery House bei Bray erhielt sein elisabethanisches Aussehen im 19. Jahrhundert.

machen und die ovale Anlage des Königsbereiches. Beim Lia Gáil, dem Schicksalsstein, ließen sich die keltischen Hochkönige Irlands krönen, in den Zeiten vor dem Sieg des Christentums noch als symbolische Vermählung mit der Erdgöttin Maeve.

Druiden, Heiler und Hüter der heiligen Überlieferungen, stellten die Verbindung zur Götterwelt her. Legenden berichten von Bauwerken, die mit Gold und Edelsteinen verziert waren. Eine im National Museum von Dublin ausgestellte „Tara Fibel", die einst einen Umhang zusammenhielt, zeigt filigrane Goldarbeiten, geschmückt mit Edelsteinen und Perlmutt. An den Tafeln des 200 m langen Festsaals fanden bis zu 1000 Gäste Platz, Harfenspieler und andere Musiker untermalten die Bankette. Mit der Verbreitung des Christentums nahm die Bedeutung der Kultstätte ab, schließlich wurde sie im Jahr 1022 auch formal als Königssitz aufgegeben.

MÖNCHE UND EDELLEUTE

Noch nach mehr als 1000 Jahren ist die Kraft des frühen keltischen Christentums in den Klosterruinen von Monasterboice und Mellifont nördlich von Dublin sowie von Glendalough in den Wicklow Mountains im Süden zu spüren. Die Klöster waren Mittelpunkt größerer Siedlungen und Zentren der Gelehrsamkeit und der Kunst. Mehr noch, ihre Mönche zogen über die Insel, um das Christentum bis in den letzten Winkel zu verkünden, missionierten sogar das nach dem Untergang des Römischen Reiches und mit den Völkerwanderungen in Unruhe geratene Mitteleuropa.

Die im 9. Jh. einsetzenden Wikingerüberfälle machten den Klöstern schwer zu schaffen, die Mönche errichteten hohe Rundtürme als Ausguck und zugleich sicheren Fluchtort. Als Papst Adrian IV. Irland 1172 dem englischen König Heinrich II. als Lehen gab, spielte auch die Absicht eine Rolle, die ihm zu selbstständigen Klöster stärker hierarchisch einzubinden, ihre Macht zu be-

Jerpoint Abbey – Ausdruck normannischer Gläubigkeit

Auch Musik und Tanz gehören zum Celtic Festival in Kilkenny.

Kilkenny Castle, 1172 von Normannen erbaut

Besuchenswert: Ormand Castle in Carrick-on-Suir

grenzen. Als der selbstbewusste britische König Heinrich VIII. sich Mitte des 16. Jh.s von Rom lossagte, begann erneut eine schwierige Zeit. Um die Machtbasis der katholischen Kirche ganz zu zerstören, ließ er allein in Irland 400 Klöster schleifen.

Die markanten Hochkreuze der Klöster, vor allem die reich verzierten Bibelkreuze mit ihren szenischen Darstellungen von Geschichten aus dem Alten und Neuen Testament, sind leichter zu deuten als die geheimnisvollen Ganggräber der Stein- und Eisenzeit.

IM „GARTEN IRLANDS"

Die Klosterruinen von Glendalough verbinden sich mit dem bewaldeten Hochtal und seinen beiden Seen zu einem

Nur in Irland findet man mächtige Rundtürme als Teil der rund 1000 Jahre alten Klosteranlagen.

spirituellen Gleichklang. Auch der nicht weit entfernte Herrensitz Powerscourt bei Enniskerry mit seinen bezaubernden, zum Teil noch dem Barock verpflichteten Gartenanlagen und die parkähnlichen Mount Usher Gardens bei Ashford präsentieren sich als harmonisches Ensemble – allerdings auf eine ganz andere, weltliche Art. Zusammen mit den anderen im 18. und 19. Jh. kunstreich oder naturnah angelegten Gärten rund um die Wicklow Mountains – Killruddery House nicht weit von Bray, Russborough House nördlich von Hollywood und Avondale House bei Rathdrum – haben sie dem County Wicklow zum Beinamen „Garten Irlands" verholfen.

Die unzugängliche Wildnis der knapp 1000 m hohen Wicklow Mountains galt während der langen Zeit der britischen Herrschaft dagegen als Rückzugsgebiet und viel genutztes Versteck irischer Rebellen. Nach dem niedergeschlagenen

Ganz oben: Strohgedeckte Häuser wie hier in Dunmore East erleben eine Renaissance.
Oben: Beim Hurling, dem irischen Hockey, geht es ordentlich zur Sache.
Rechts: In der ehemaligen Glasmanufaktur Waterford Crystal gibt es noch das Fabrikgebäude und eine Ausstellung im Visitor Centre zu besichtigen.

Frühling in den Knockmealdown Mountains bei Lismore

Special MUSIKHITS

„It's a long way to Tipperary"

Das bekannte Lied ist nicht in Irland entstanden, sondern im mittelenglischen Stalybridge. Auch der Komponist war kein Ire, sondern der englische Entertainer Jack Judge.

Eigentlich war das Ganze eine Kneipenwette. Sollte Jack es schaffen, bis zum nächsten Abend ein Lied zu komponieren, würde er fünf Shilling gewinnen. Auf dem Weg nach Hause hörte er Wortfetzen aus einer Unterhaltung irischer Soldaten aus Tipperary – „It's a long way ...". Am nächsten Tag war ein schmissiges Lied daraus geworden, eines zum Mitsingen und Marschieren. Zwei Jahre später begann der Erste Weltkrieg, und die britischen Soldaten zogen mit dem Song auf den Lippen an die Front. Ein Evergreen war entstanden, und er hat die unscheinbare Bezirksstadt Tipperary weltberühmt gemacht.

Aufstand von 1798 „befriedeten" englische Truppen das Gebirge mit einer „Militärstraße", die das heutige Wanderparadies als Panoramastrecke mit seinen bewaldeten Hängen, Hochmooren und felsigen Klippen erschließt.

DIE NORMANNEN UND DIE MACHT

Kilkenny Castle macht bis heute einen wehrhaften Eindruck. Auch die freundlichen Gartenanlagen und verspielte Anbauten späterer Zeiten können die Aura der Macht nicht aufheben. Fast 600 Jahre, bis 1935, war die Burg Sitz der Familie Butler. Kilkenny entwickelte sich unter ihr zu einer der wichtigsten Städte des mittelalterlichen Irland. Heute ist der Grafensitz jedermann zugänglich. Und die Stadt mit mittelalterlichen Bauten aus „Kilkenny Marmor" und poliertem Kalkstein gehört zu den attraktivsten im Binnenland.

Bereits gut 100 Jahre nachdem sie England erobert hatten, versuchten die Normannen auch Irland unter ihre Herrschaft zu bringen. Papst Adrian leistete Hilfestellung, indem er dem englischen König Heinrich II. die Insel als Lehen gab. In schnellen Feldzügen schlug das Normannenheer die gälischen Kämpfer und errichteten bald auch die in England bewährten steinernen Burgen. Zisterzienser und andere Orden gründeten neue Klöster und banden die bis dahin unabhängige keltisch-irische Kirche in den Einflussbereich Roms ein.

AUSWANDERER ALS PRÄSIDENT

Mit den Jahren begannen die Eroberer in der irischen Bevölkerung aufzugehen. Um dem entgegenzuwirken, untersagte das Parlamentsstatut von Kilkenny 1366 Normannen, Iren zu ehelichen. Deshalb rangierten gälische Namen im Ansehen weiterhin ganz unten – ein Anreiz, sie zu anglisieren. O'Murchadha mauserte sich beispielsweise zu Murphy, auch die Familie Ceinnedigh aus Tipperary nannte sich irgendwann Kennedy. Wie Zehntausende andere bestieg ein gewisser Patrick Kennedy aus Dunganstown 1848 ein Auswandererschiff. An den Besuch seines Ururenkels und US-Präsidenten John F. Kennedy 1963 erinnern ein Museum und ein Memorial Forest südlich von New Ross.

Wer am Hafen von Waterford steht, kann den Möwen von der nahen Irischen See bei ihren Luftkunststücken zusehen. Von der Mündungsbucht des River Suir sind viele Iren ausgewandert. Küfer ohne Arbeit, wie Patrick Kennedy, von ihrem Land vertriebene Pächter oder politische Aktivisten, wie Thomas Francis Meagher. Das Mitglied der radikalen Gruppe „Young Ireland Movement" ging 1848 in die Verbannung nach Tasmanien.

Zeugnis des Mittelalters: Cahir Castle

Der mächtige Deckstein der Grabanlage Browne's Hill bei Carlow wiegt rund 100 Tonnen.

Eine der großartigsten Sehenswürdigkeiten Irlands: Rock of Cashel

Von dort gelang ihm die Flucht in die Vereinigten Staaten von Amerika. Er wurde Brigadegeneral in den Bürgerkriegstruppen der Nordstaaten und später Gouverneur von Montana.

IM TAL DES RIVER SUIR

Dekorativ schlängelt sich der Fluss von Waterford über Clonmel nach Westen und bei Cahir mit einem weit ausholenden Schlenker über Cashel nach Norden ins County Limerick. Knapp 20 km nördlich vom wuchtigen Normannenfort Cahir Castle, das in mehreren „ritterlichen" Spielfilmen eine Hauptrolle spielte, erzählt der Rock of Cashel seine Geschichten. Unvermittelt wächst der Felsblock,

Eine mächtige Steinmauer fasst Rundturm, Abtei, Hochkreuze und die romanische McCormac-Kapelle ein.

die „steinerne Burg von Munster", aus der Ebene empor. Auch ohne Türme wäre der imposante Kalksteinfelsen einer der großartigsten Aussichtspunkte Irlands.

DIE IRISCHE AKROPOLIS

Schon im 4. Jh. wurde Cashel zum Sitz des aus Wales eingewanderten Eoghanachta-Clans, gut 100 Jahre später regierten die Könige von Munster von hier aus den Süden der Insel. Brian Ború, der spätere Bezwinger der Wikinger, wurde hier 977 zum Hochkönig gekrönt.

Im Jahr 1101 machte König Murtagh O'Brien den Felsen der Kirche zum Geschenk. Eine mächtige Steinmauer fasst Rundturm, Abtei, Hochkreuze und die romanische McCormac-Kapelle ein. Doch sie hat die „irische Akropolis" nicht davor bewahrt, 1647 nach der Erstürmung durch Cromwells Truppen Schauplatz blutiger Gräuel zu werden. Heute vermittelt der weite Blick vom heiligen Berg einen ausgesprochen friedlichen Eindruck.

WICKLOW GARDENS FESTIVAL

Sommer in „Irlands Garten“

Es duftet und leuchtet in allen Farben. Das sommerlange Gartenfestival in der Grafschaft Wicklow südlich von Dublin ist Pilgerstätte für Europas Freunde der Gartenkunst. Zwischen Ostern und September öffnen auch ausgewählte Privatgärten ihre Pforten.

Reisegruppen und Besucher kommen aus Irland, aus Großbritannien und aus ganz Europa in die fruchtbare Landschaft an der Ostküste der „Grünen Insel“. Gartenfreunde aus York, Stuttgart, Kopenhagen oder Toulouse. Grün ist es auch in den Wicklow Mountains südlich von Dublin, doch immer wieder aufgelockert durch eine bunte Blütenpracht. An den Wiesen und Feldern leuchtet üppig blühender, knallgelber Ginster und roter Klatschmohn. In moorigen Niederungen gedeiht violett blühendes Heidekraut. Und dann die Gärten, große, repräsentative Anlagen, gruppiert um frühere Herrenhäuser britischer Adelsfamilien und kleinere, private Gärten, eine wahre Freude für das Auge.

Es ist das besondere Klima, das diese Gartenkunst vor allem hier möglich macht, das sogar Palmen überleben lässt: der warme Golfstrom sorgt mit seiner ausgleichenden Wirkung für milde Winter, ein Übriges tun ausreichende Niederschläge, die geschützte Lage der Täler und angenehm viele sommerliche Sonnenstunden. Hinzu kommt die Tradition der Gartenpflege, eine der angenehmen Hinterlassenschaften jahrhundertelanger britischer Herrschaft.

Wahrlich traumhaft: das Powerscourt Estate bei Enniskerry mit dem mächtigen Herrenhaus und seinem weitläufigen Garten.

Links: In den verwunschenen Powerscourt Gardens
Rechts: Gartenkunst in den Killruddery Gardens

Die Mitte des 18. Jh.s angelegten Powerscourt Gardens bei Enniskerry präsentieren sich mit ihrem formalen italienischen Garten, einer parkähnlichen Teichlandschaft und einer asiatischen Gartenanlage als harmonisches Ensemble kunstvoll gestalteter Natur. Das Herrenhaus war, 1974 gerade restauriert, abgebrannt und ist nun teilweise wieder neu errichtet.

Killruddery House & Gardens bei Bray wurde als formaler französischer Garten angelegt, gegliedert von zwei knapp 190 m langen „Mirroirs d'eaux", rechteckigen Wasserflächen, in deren Oberfläche sich der Himmel spiegelt. Inmitten eines acht Meter hohen, von Durchbrüchen aufgelockerten Buchenrondells plätschert das Wasser von Springbrunnenfontänen. Dazu passt als Kontrast eine sorgfältig gestaltete kleine „Wildnis".

Ganz anders zum Beispiel Altamont Gardens bei Tullow. Die Baumgruppen, Seerosenteiche, Rasenflächen und vielfarbig blühenden Blumen und Sträucher zeigen sich als eine wie zufällig besonders schön gewachsene Natur und sind doch das gelungene Ergebnis langjähriger gärtnerischer Arbeit, aus der heraus ein Cottage-Garten erschaffen wurde.

Knockrose Garden von Tom Farrell und seiner Frau Patricia gehört sicher zu den Preziosen unter den vielen privaten Gärten. Er ist nach Anmeldung von März bis Oktober öffentlich zugänglich. Der klassische „Bauernhofgarten" mit alten Rosenstöcken liegt in Kilternan, nicht weit von Dublin. Gemüsepflanzen und Küchenkräuter gehören hier dazu. Auch die meisten Privatgärten, deren Besitzer nicht selten für einen Gedankenaustausch mit den oft fachkundigen Besuchern zur Verfügung stehen, verlangen übrigens ein Eintrittsgeld von einigen Euro, das überwiegend karitativen Projekten zugutekommt.

Als Höhepunkt der irischen Gartenkunst gilt vielen die rund acht Hektar große romantische Parklandschaft von Mount Usher bei Ashford. Rund 5000 unterschiedliche Pflanzen werden von Chefgärtner Sean Heffernan und seinen Kollegen jedes Jahr wieder zu einer faszinierenden Folge von Farben und Formen komponiert. Zu den besonderen Erlebnissen für Gartenfreunde gehört ein Spaziergang entlang dem „Tree Trail", den japanische Eichen, Eukalyptus, Tulpenbäume, Zedern, Ahorn und Dutzende weiterer Baumarten aus allen Regionen der Welt säumen.

AUF EINEN BLICK

Alle Gartenadressen und Beschreibungen des Festspielprogramms unter: ***www.visitwicklow.ie****.*
Broschüren sind in den Touristenbüros der Counties kostenlos zu erhalten.
Anmeldung Knockrose Garden: Tel. 01 295 83 71

DUBLIN
BAILE ÁTHA CLIATH
Dundalk
Dún Dealgan
Dundalk Bay
Drogheda
Droichead Átha
Navan
An Uaimh
Trim
Baile Átha Troim
Mullingar
An Muileann-gCearr
Longford
An Longfort
Cavan
An Cabhán
Kells
Ceanannas
Balbriggan
Baile Brigín
Skerries
Na Sceirí
Rush
An Ros
Lambay Island
Malahide
Mullach Íde
Swords
Sord
Blanchardstown
Baile Bhlainséir
Howth
Ireland's Eye
Lucan
Leamhcán
Leixlip
Léim an Bhradáin
Maynooth
Maigh Nuad
Celbridge
Cill Droichid
Clondalkin
Cluain Dolcáin
Dundrum
Kingstown/Dun Laoghaire
Dublin Bay
Dalkey
Deilginis
Killiney
Cill Iníon Léinín
Tallaght
Tamhlacht
Bray
Brí
Greystones
Na Clocha Liatha
Enniskerry
Powerscourt House
Naas
Nás
Newbridge
Droichead Nua
Kildare
Cill Dara
Irish National Stud
Tullamore
Tulach Mhór
Bog of Allen
Grand Canal
Royal Canal
Port Laoise
Slieve Bloom Mountains
Athy
Baile Átha Í
Carlow
Ceatharlach
Kilkenny
Cill Chainnigh
Dunmore Caves
Wicklow
Cill Mhantáin
Wicklow Head
Wicklow Mountains
Glendalough
Lugnaquilla
Mount Usher Gardens
Arklow
An tInbhear Mór
Gorey
Blackstairs Mountains
Mount Leinster
Enniscorthy
Inis Córthaidh
Wexford
Loch Garman
Wexford Bay
Wexford Harbour
Rosslare
Rosslare Harbour
Greenore Point
Carnsore Point
Saltee Islands
Ballyteige Bay
Hook Head
New Ross
Ros Mhic Thriúin
John F. Kennedy Memorial Forest Park
Dunbrody Abbey
Tintern Abbey
Waterford
Port Láirge
Tramore
Trá Mhór
Dunmore East
Brownstown Head
Clonmel
Cluain Meala
Cahir
Cahir Castle
Cashel
Rock of Cashel
Comeragh Mts.
Monavullag Mountains
Knockmealdown Mountains
Thurles
Durlas
Roscrea
Birr
Birr Castle
Clonmacnoise
Shannon
Lough Ree
Newgrange Tumulus
Hill of Tara
Boyne Valley
Monasterboice
Mellifont Abbey
01
02
03
04
05
Maßstab 1:800.000
0
10km

Spuren der Vergangenheit

Geheimnisvolle Kultstätten aus der Vorzeit, Klosterruinen aus den Anfängen der Christenheit und steinerne Hochkreuze, mächtige Burgen und prächtige Herrensitze üben einen besonderen Reiz aus, ebenso wie die in die liebliche Landschaft eingebetteten Gärten und die regen Städtchen.

01 DROGHEDA

Die einstige Wikingersiedlung und spätere Brücke der Anglo-Normannen dient als Tor zum Boyne Valley. Hier konzentrieren sich bedeutende Zeugnisse der irischen Geschichte.

Sehenswert

In der neugotischen **St Peter's Church** (Weststreet) wird der einbalsamierte Kopf des hl. Oliver Plunkett ausgestellt, der 1681 von Protestanten gehenkt wurde. Das mächtige **St Laurence's Gate** ist als einziges mittelalterliches Normannentor erhalten.

Museum

Das **Millmount Centre** beherbergt ein Regionalmuseum, den mittelalterlichen Martello Tower und im Craft Centre Ateliers von Kunsthandwerkern (www.millmount.net; Mo.–Sa. 10.00–22.00, So. 14.00–20.00 Uhr).

Restaurants

Eastern Seaboard Restaurant mit exzellent zubereiteten Meeresfrüchten (1 Bryanstown Centre/Dublin Road, Tel. 041 9 80 25 70, www.easternseaboard.ie; Mo.–Sa. 12.00–22.00, So. bis 20.00 Uhr).

Das **Salthouse** ist Café, Filmclub (Mittwoch) und Restaurant zugleich. Abends gibt es irische Küche, vor allem mit guten Fischgerichten (46 John St., Tel. 041 9 83 44 26, www.salthouse.ie, 15–25 €).

Umgebung

Die Klosteranlage **Monasterboice** ▶TOPZIEL (16 km nordw.) aus dem 6. Jh. existierte 600 Jahre lang. Der 33,50 m hohe Rundturm des Ruinenkomplexes ist einer der höchsten Irlands, zwei der Hochkreuze, das 5,40 m hohe Muiredach-Kreuz und das 6,50 m hohe Westkreuz, gehören zu den schönsten der Insel; sie sind über 1000 Jahre alt.

Auf eine uralte, kaum bekannte Kultur gehen die Grabhügel im Boyne-Tal zurück. Der riesige, von Gras bedeckte Erdhügel von **Newgrange** ▶TOPZIEL ist von einer weißen Quarzsteinmauer eingefasst. Die innere Passage des über 5000 Jahre alten Ganggrabes misst 19 m und kann nur im Rahmen einer Führung besichtigt werden. Ein Ring von frei stehenden Megalithsteinen umgibt die Anlage. Der nahe Grabhügel **Knowth** ist noch einmal 500 Jahre älter als Newgrange; 17 Satellitengräber umgeben zwei Hauptgräber. Die Ausgrabungen in Knowth dauern noch an, sie haben bislang große Schätze neolithischer Kunst ans Tageslicht gebracht (Visitor Centre für Newgrange und Knowth nahe Donore; www.newgrange.com, jahreszeitlich wechselnde Öffnungszeiten).

Vier identische georgianische Häuser stehen sich im Ortszentrum von **Slane** gegenüber; sie sollen für vier Schwestern gebaut worden sein, die sich spinnefeind geworden waren. **Slane Castle** wurde 1785 erbaut und kann besichtigt werden (www.slanecastle.ie; Touren Juni–Sept. So.–Do. 12.00–17.00 Uhr); die Parkanlage von Slane Castle ist weit bekannt für ihre sommerlichen Rockkonzerte. Auf dem nahen Hill of Slane soll der hl. Patrick 433 ein weithin sichtbares Osterfeuer entzündet haben, um den Sieg des Christentums in Irland zu verkünden.

Das heute im Trinity College von Dublin ausgestellte „Book of Kells", eine kostbar ausgeschmückte Handschrift der vier Evangelien, wurde in **Kells** (35 km westl.) vor etwa 1200 Jahren von den Mönchen des Klosters geschrieben; von diesem sind drei Hochkreuze, ein Rundturm und der etwa 1000 Jahre alte Andachtsraum St Columba's House erhalten.

Information

Meath Tourism, County Hall, Railway St., Navan, Co. Meath, Tel. 01 8 35 80 00, www.meathtourism.ie

Tipp

Mächtige Rundtürme

Rundtürme als Teil der rund 1000 Jahre alten Klosteranlagen gibt es nur in Irland. Rund 80 von ihnen sind erhalten geblieben. Man findet sie schlicht, aus grob behauenen Steinblöcken errichtet, und mit umlaufenden Mustern oder Bildgeschichten. Sie sollen ursprünglich Fluchttürme für die Mönche vor Wikingern und Ausguck gewesen sein. Die Eingänge in etwa 2 m Höhe waren nur über schnell einziehbare Leitern zu erreichen.

02 ENNISKERRY

Der pittoreske Ort mit 1800 Einw. war immer eng mit dem Powerscourt Estate verbunden. Heute bildet er den idealen Ausgangspunkt zur Besichtigung von Schloss und Gärten mit Boutiquen und reizenden Tea-Shops.

Sehenswert

Das **Powerscourt House** wurde 1740 vom deutschstämmigen Architekten Richard Cassels in palladianischem Stil für Richard Wingfield, den Viscount of Powerscourt erbaut. Die 20 ha großen **Gartenanlagen** ▶TOPZIEL vor dem Hintergrund des Sugarloaf Mountain gelten als eine der schönsten Europas. Zum runden Tritonsee mit einem Springbrunnen in der Mitte führt vom Herrenhaus eine italienische Freitreppe hinab. Das Schloss brannte 1974 völlig aus. Große Teile sind inzwischen wieder restauriert. Das Erdgeschoss beherbergt neben einer Ausstellung einige exklusive Geschäfte, ein Restaurant und ein Café (Tel. 01 2 04 60 00, www.powerscourt.ie; Mo.–Fr. 10.00 bis 16.30, Sa./So. 9.30–17.00 Uhr, im Winter kürzer). Der **Powerscourt-Wasserfall** 5 km südl. ist der höchste der Insel, hier stürzen die Wasser des Dargle in Kaskaden 100 m hinab (Mai–Aug. tgl. 9.30–19.00 Uhr, sonst kürzer).

Aktivitäten

Die beiden besonders schön in die Parklandschaft des Schlosses gelegten Greens des **Powerscourt Golf Club** (Tel. 01 2 04 60 33) stehen auch Besuchern gegen Gebühr offen.

Rund um die beiden Seen von **Glendalough** laden markierte Pfade Besucher zum Spazierengehen und Wandern ein. Der „Wicklow Way" führt 132 km lang von Dublin über Glendalough nach Südwesten bis Clonegal; für die gesamte Strecke sollte man mindestens eine Woche einplanen (www.wicklowway.com).

Restaurant

Das **Wicklow Heather Restaurant** ist eine gute Adresse für einfache Mahlzeiten, wenige Kilometer von Glendalough entfernt (Glendalough Rd., Laragh, Tel. 0404 4 51 57, www.thewicklowheather.com; bis 26 €).

Unterkunft

Das romantische **Summerhill House Hotel** mit seinen geräumigen, lichten Zimmern ist bei frisch verheirateten Paaren besonders beliebt (Enniskerry, Tel. 01 2 86 79 28, www.summerhillhousehotel.com; DZ ab 100 €).

Umgebung

Glendalough ▶TOPZIEL, die romantische „Schlucht der zwei Seen", irisch Gleann Dá Locha, liegt im Herzen des Wicklow Mountains

National Park. Sie bildet die Kulisse für die Überreste einer historischen Klosteranlage an zwei klaren Seen am Fuße der Klippen des Gletschertals. Das im 6. Jh. vom hl. Kevin als Einsiedelei gegründete Kloster soll in seiner Blütezeit von 1000 Mönchen bewohnt gewesen sein. Wikingerüberfälle, Brände und schließlich die Zerstörung durch englische Truppen brachten seine Aktivitäten Mitte des 16. Jh.s endgültig zum Erliegen. Später wurden einige Gebäude teilweise restauriert. Der 34 m hohe, 1000 Jahre alte Rundturm gehört zu den höchsten Irlands. Zu besichtigen sind Reste der Klause, mit Ornamenten verzierte Steinkreuze, der Friedhof und sieben unterschiedlich gut erhaltene Gotteshäuser, die zwischen dem 9. und 11. Jh. erbaut wurden (Besucherzentrum, mit wechselnden Öffnungszeiten, www.glendalough.ie).

Information

Wicklow Tourism, Rialto House Kilmantin Hill, Wicklow Town, Co. Wicklow, Tel. 0353 4 04 69, www.visitwicklow.ie

03 KILKENNY

Kilkenny verbindet Geschichte mit Kultur. Überall in der Stadt sind steinerne Zeugnisse der Vergangenheit, vor allem aus der Zeit der Anglo-Normannen, zu finden.

Sehenswert

Richard de Clare, der normannische Eroberer Irlands, ließ 1172 **Kilkenny Castle** erbauen (neugotisch umgestaltet); drei der ursprünglich vier Türme sind erhalten. In der Long Gallery findet man die Ahnenreihe der Familie Butler, der Earls of Ormond, deren Vorfahren „Botiller", Mundschenke, des englischen Königs gewesen waren (The Parade; Okt.–Feb. tgl. 9.30 bis 16.30, März bis 17.00, sonst bis 17.30 Uhr). Das weiträumige Gotteshaus **St Canice Cathedral** wurde 1251–1280 an einer Stelle errichtet, wo schon lange zuvor keltische Gottheiten verehrt worden waren. Ein eindrucksvolles Doppelgrab von Piers Butler, dem 8. Earl von Ormonde, und seiner Frau in der Kirche weist auf die jahrhundertelange Herrschaft der Butlers in der Region von Kilkenny hin. Der Name der in englischer Frühgotik erbauten Kathedrale stammt von dem hl. Canice, der im 6. Jh. hier ein Kloster gründete (Irishtown; Juni–Aug. Mo.–Sa. 9.00–18.00, So. 13.00–18.00 Uhr, sonst eingeschränkt).

Black Freren Gate, einzig erhaltenes Stadttor der normannischen Stadtmauer, steht in der Abbey Street, nicht weit von der Dominikanerabtei Black Abbey. Im **Shee's Alms House,** dem früheren Armenhaus der Stadt aus der Tudorzeit in der Rose Inn Street, ist das Touristenbüro eingezogen.

Museum

In einem 1594–1610 erbauten Kaufmannshaus aus der Tudorzeit kann man zeitgenössische Möbel sehen; heute sind im **Rothe House** das City- und das County-Museum mit Exponaten zur Stadtgeschichte untergebracht (Parliament Street; April–Okt. Mo.–Sa. 10.30–17.00, So. 15.00–17.00, sonst Mo.–Sa. 10.30–16.30 Uhr).

Veranstaltungen

Anfang Mai versammeln sich Dutzende von Bands und Solisten zum **Kilkenny Rhythm and Roots Festival** und demonstrieren ihre musikalischen Wurzeln (www.kilkennyroots.com). Das **Kilkenny Arts Festival** bietet 10 Tage im Aug. etliche Veranstaltungen zu Theater, Film, Literatur, Musik sowie Straßen- und Aktionskunst (www.kilkennyarts.ie).

Restaurant

Moderne Einrichtungselemente, beste Stimmung und ein exzellentes Barmenü sind im Traditionspub **Marble City Bar** zu finden (66 High Street, Tel. 056 7 76 11 43; bis 16,50 €).

Unterkunft

Die **Park Villa** ist ein modernes B&B mit herzlichen Gastgebern, guter Verkehrsanbindung und schönem Garten (Castlecorner Road, Tel. 056 7 76 13 37, www.kilkennybedandbreakfast.com; DZ bis 80 €).

Umgebung

Nur 3 km östl. Carlow liegt der **Browne's Hill Dolmen,** das gewaltigste Hünengrab Irlands mit einem zyklopischen, 100 t schweren Deckstein. Die Zisterzienserabtei **Jerpoint Abbey** bei Thomastown (südl.) wurde im 12. Jh. gegründet.

Information

Tourist Information, Shee's Alms House Rose Inn Street/Mary's Lane, Kilkenny, Co. Kilkenny, Tel. 056 7 75 15 00, www.kilkenny-tourism.ie

> **Tipp**
>
> **Für Fischfreunde**
>
> Das Dörfchen Kilmore Quay an der Ballyteige Bay östl. von Waterfort ist für seine guten Fisch- und Hummergründe bekannt. Vor allem das Seafood-Festival in der zweiten Juliwoche mit den köstlichen Fischgerichten und Musikveranstaltungen zieht viele Besucher an.

Siedlerhütten im Freilichtmuseum Wexford

04 WEXFORD

Die Wikinger nannten ihre Niederlassung einst „Waesfjord", „sandiger Hafen". Die flache Küste mit weiten Sandstränden liegt an der sonnigsten Ecke Irlands.

Museum

In dem über 14 ha großen **Freilichtmuseum** des Irish National Heritage Park wird die Besiedlung Irlands von den ersten Siedlern vor 9000 Jahren bis zur Ankunft der Normannen anschaulich dargestellt. Im Sommer demonstrieren „Bewohner" in nachgebauten Hütten und Befestigungen den Besuchern Leben und Arbeit aus längst vergangenen Zeiten (Ferrycarrig, www.inhp.com; Mai–Aug. 9.30–18.30, sonst bis 17.30 Uhr). **Westgate,** letztes erhaltenes der früher sechs Stadttore, beherbergt heute das Westgate Heritage Centre, das mit einer audiovisuellen Vorführung über Geschichte und Region informiert (www.westgateheritagecentre.co.uk).

Restaurants

Die moderne Bistroküche von **Forde's Restaurant** direkt an der Wasserlinie von Wexford hat eine große Fangemeinde (Crescent Quay, Tel. 053 9 12 38 32; 15–20 €). Im **Corcoran's Pub** kommt man als Fremder und geht als Freund. Gute Musik am Wochenende, frisch gezapftes Bier und nette Gäste (Irishtown, New Ross, Tel. 051 42 59 20; ca. 12 €).

Unterkunft

Das **Pines Country House Hotel** bietet auch eine Freizeitanlage und ein Restaurant (Camolin Park, Enniscorty, Tel. 053 9 38 36 00, www.pinescountryhotel.com; DZ 60–100 €).

DuMont Aktiv

Information
Tourist Information Office, Crescent Quay, Wexford, Co. Wexford, Tel. 053 23111, www.visitwexford.ie

05 WATERFORD

Die Hafenstadt an der Mündung des Suir River, von den Wikingern im 9. Jh. als „Vadrafjord" gegründet, ist das Einkaufszentrum der Region.

Sehenswert
Die mittelalterliche **Stadtmauer,** von den Wikingern begonnen und den Normannen weiter ausgebaut, ist bestens erhalten; im **Reginald's Tower** dokumentiert das **Civic Museum** die Stadtgeschichte (The Quay; Juni–Mitte Sept. tgl. 10.00–18.00 Uhr, sonst kürzer). Die Glasmanufaktur **Waterford Crystal** ist geschl., aber eine Ausstellung im Visitor Centre zu besichtigen (www.waterfordvisitorcentre.com).

Aktivitäten
In Dunmore East (südöstl.) bietet das Adventure Centre **Kajaktouren** und andere Outdoorabenteuer an (www.dunmoreadventure.com, Tel. 051 38 37 83). Die restaurierte Schmalspurbahn **Waterford & Suir Railway** zuckelt gemütlich am Ufer des Suir entlang (Kilmeadan, Tel. 051 38 40 58, www.wsvrailway.ie).

Restaurant & Unterkunft
Direkt vor dem **O'Sheas Hotel** beginnt der lange Strand; das eigene Restaurant bietet Fischgerichte und Steaks an (Strand St., Tramore, www.osheas-hotel.com; DZ 70–150 €).

Umgebung
Der imposante Kalksteinfelsen **Rock of Cashel** ▶**TOPZIEL** (70 km nordwestl.) erhebt sich aus der Ebene von Tipperary. Ein Ensemble kirchlicher Bauten und Ruinen macht ihn zu einer der bedeutendsten Sehenswürdigkeiten Irlands. Ab dem 5. Jh. war er Sitz der Könige von Munster, heute die südw. Provinz der Insel. Ab 1101 errichtete die Kirche hier ein religiöses Zentrum mit Bischofssitz, bis Cromwells Armee auch hier ein Blutbad mit 3000 Toten anrichtete. Hochkreuze, darunter das St Patrick's Cross, die Reste der im 13. Jh. errichteten Kathedrale, ein 28 m hoher Rundturm und die 1134 gegründete Cormac's Chapel sind die bedeutendsten Bauten des „Rock" (www.cashel.ie; Mitte Juni–Sept. tgl. 9.00–19.00 Uhr, sonst kürzer).

Information
Tourist Information Office, Waterford Granary, The Quay, Waterford, Co. Waterford, Tel. 051 87 57 88, www.waterfordtourism.org

Reiten rund um Kildare

Ein gutes Dutzend Reiter watet mit seinen Pferden durch das Wasser, wenige Schritte von der Küste der Irischen See entfernt. Gleich geht es im wilden Galopp am Strand entlang. Die Hufe schleudern den Sand hoch in die Luft.

Irland ist eine Pferdeinsel, irgendwo ist immer ein Reiterhof in der Nähe. Das gilt natürlich besonders für Kildare bei Newbridge, dem irischen Zentrum für Pferdezucht. Auf der Abbeyfield Farm bei Kildare geht es bei den Ausritten nicht ans Meer, sondern über die Hügel und durch die Wälder rund um Kildare. Beim mehrtägigen Trail Riding über Feld- und Waldwege bleibt einer hinter dem anderen, im Schritt oder Trab und zuweilen im Galopp. Entweder steuert man jeden Tag ein neues Ziel an oder man macht mehrere Ausritte von einer Unterkunft aus. Wer will, kann hier oder im nicht weit entfernten Equestrian Centre auch das Springreiten erlernen und erste Cross-Country-Erfahrungen sammeln. In einer der größten Reithallen Europas behalten Reiter selbst dann gute Laune, wenn es draußen stürmt und regnet.

Über 30 Reiterhöfe in Irland bieten vom Reitunterricht für Anfänger bis zum Springreiten für Könner alles für den Urlaub mit Pferden an. Und wer sich nicht in den Sattel traut, kann Ausflüge per Kutsche unternehmen.

Pferdezucht in Irland genießt Weltruf.

An Pferdefans mangelt es nicht.

WEITERFÜHRENDE INFORMATIONEN

Einen guten **Überblick und Links** zu Reiterhöfen, Zuchtbetrieben und Pferdesportereignissen bietet die Seite ***www.discoverireland.ie/equestrian.***
Reiterhöfe: *Abbeyfield Farm*, Richardstown, Clane, Tel. 086 816 41 30, www.abbeyfieldfarm.com; ***Kildare International Equestrian Centre*,** Rathmore, Naas, Tel. 045 86 29 51, www.kildareinternational.ie.
Im **Nationalgestüt** von Irland bei Kildare werden Vollblüter gezüchtet; es steht auch Besuchern offen (http://irishnationalstud.ie).

Vom Klima begünstigt

Die beiden südlichsten Counties von Irland, Cork und Kerry, gehören zu den beliebtesten Reisezielen auf der Insel. Die Stadt Cork an der Mündung des River Lee – kulturvolle Metropole des Südens – ist Teil des irischen Wirtschaftswunders, mit Ansiedlungen vieler internationaler Technologie- und Pharmaunternehmen an ihrer Peripherie. Killarney im benachbarten County Kerry galt mit den tief eingeschnittenen Meeresbuchten, seinen Wäldern, Bergen und Seen schon in viktorianischen Zeiten als Urlaubsmagnet.

Der Killarney National Park, hier der Upper Lake, ist eine herrliche Gegend zum Wandern.

Nicht zu übersehen im Stadtbild von Cork: die neugotische St Coleman's Cathedral

Üppiger Fang: auf dem English Market in Cork

Father Mathew mahnt in Cork's City in der St Patrick Street.

Cork wurde auf einer Insel im Fluss Lee gebaut – daran knüpft auch die gälische Bezeichnung Corcaigh an: sumpfiges Land.

Die Einwohner von Cork gelten als selbstbewusst, vor allem wenn die Rede auf die Rivalin im Norden, auf Dublin, kommt. Doch der Beiname „Rebel City" geht über die aktuelle freundschaftliche Konkurrenz hinaus. Immerhin zwei Bürgermeister der jüngeren Stadtgeschichte starben wegen ihrer republikanischen Aktivitäten, bevor Irland sich die Unabhängigkeit von Großbritannien erkämpft hatte.

KONTAKTE IN ALLE WELT

Cork ist eine Stadt mit vielen kulturellen Einflüssen. Im „Franzosenviertel" hinter der Oper hatten sich einst Hugenotten angesiedelt. Heute kann man auf dem Rory-Gallagher-Platz die Bronzeskulptur einer zerborstenen Gitarre zu Ehren des in Cork geborenen Blues-Rockvirtuosen bestaunen und danach in einem der Cafés und Restaurants einkehren.

Die Ehrung als Europäische Kulturhauptstadt im Jahr 2005 hat der international-aufgeschlossenen, quicklebendigen Atmosphäre von Cork Rechnung getragen, mit seinen Pubs, aber auch seinen Cafés und Weinbars, mit seinem Opernhaus und dem Filmfestival, der irischen Volksmusik, aber auch den vielen anderen Musikströmungen, die wie der Jazz in der Stadt zu Hause sind.

Cork war schon immer eine Stadt mit internationalen Verbindungen. Von hier gingen Hunderttausende Tonnen irischer Butter in alle Welt, hier legten Frachtschiffe mit Wein und anderen Gütern vor allem aus Südeuropa an. An den Kais gingen Hunderttausende an Bord der Auswandererschiffe. Auch die „Titanic", Inbegriff der zugleich in Mode kommenden Luxusliner, legte zu ihrer Jungfernfahrt in die Katastrophe in Cobh ab, dem Hafen von Cork. Heute sind es neben den vielen kulturellen Verbindungen neue wirtschaftliche Bande, Direktinvestitionen internationaler Unternehmen, die Cork mit Europa und Übersee verknüpfen und die Zahl auch der ausländischen Bewohner in der entspannten und gastfreundlichen Stadt erneut ansteigen lassen.

FINNBARRS KLOSTERGRÜNDUNG

Der hl. Finbarr, der um das Jahr 650 in der Einsamkeit der „Corcaigh", den Flussmarschen des River Lee, ein Kloster gründete, das bald Schüler aus vielen Regionen Europas anzog, würde sich über die lebhafte Stadt wundern. Schließlich war er schon von seiner Einsiedelei auf der Flussinsel Gougane Barra weiter im Westen hierhergezogen, um den vielen Besuchern dort zu entfliehen.

Rund um Killarney zeigt Irland sich von seiner schönsten Seite: romantischer Torc-Wasserfall an der Straße nach Kenmare (oben links), Bantry House mit seinem italienisch anmutenden Garten (oben rechts), viktorianische Pracht im Muckross House (unten).

IM EINFLUSS DES GOLFSTROMS

An den Küsten um Cork macht sich bereits der milde Einfluss des Golfstroms bemerkbar, noch viel deutlicher ist seine Wirkung an der buchtenreichen Südwestküste zu spüren. Wie die fünf Finger einer ausgestreckten Hand ragen die bergigen Halbinseln Dingle, Iveragh, Beara, Sheeps Head und Schull ins Meer. Im Schutz der Buchten und begünstigt durch die wärmeren Wassertemperaturen, gedeihen hier Eichen, Rhododendren, Kräuter, Farne und Schlingpflanzen in einem Maß wie sonst nirgendwo auf der Insel.

Die einmalige, wildromantische Umgebung von Killarney zog schon früh Urlauber an.

Die Berg- und Buchtenlandschaft des irischen Südens hat schon seit 250 Jahren Urlauber angezogen. Selbst die britische Königin Victoria ließ es sich 1861 nicht nehmen, der beliebten Sommerfrische Killarney und ihrem Seendistrikt einen Besuch abzustatten. Die wunderbar harmonische Szenerie mit dem Killarney National Park, seinen Gewässern und den dahinter ansteigenden bewaldeten Bergen galt den englischen Romantikern als ideale Landschaft. Sie scheint in ihrer Harmonie wie von Menschenhand gestaltet und ist doch fast ausschließlich ein Werk der Natur.

MIT ZWEI ODER MEHR PFERDESTÄRKEN

In Killarney liegt der Geruch von Pferdeäpfeln in der Luft, und das Klappern der Hufe verstummt erst gegen Abend. Tagsüber sind Dutzende von „Jaunting Cars" genannten Pferdedroschken im Einsatz, mit Kutschern, die sich im Erzählen von Geschichten gegenseitig überbieten. Es geht vom Ortszentrum bis zum etwa zwei Kilometer entfernten Eingang des Nationalparks, auf dessen Wegen am Ufer des Lough Leane oder der anderen Seen entlang.

Auf dem Weg nach Baltimore

Überall blüht es – auch auf der Leinwand

Von den Gartenanlagen von Bantry House schweift der Blick auf die Bantry Bay.

Die unendlich vielen Grünnuancen der irischen Landschaft sind eine Wohltat für die Seele.

Dramatische Küste am Old Head of Kinsale

Am Healy Pass auf der Halbinsel Beara

Felsige Eilande: Blick von Skellig Michael auf Small Skellig

Der Ring of Beara eignet sich gut zum Radeln, auch wenn einige Steigungen wie hier am Healy Pass zu bewältigen sind.

Auf dem Weg zu den Klosterruinen auf Skellig Michael

Special SCHÖNHEITSWETTBEWERB

Rose of Tralee

Wer ist die Schönste im ganzen Land?

Die Liedverse über die unglückliche Liebe zur „Rose of Tralee", die, wahrhaftig und treu, am Tag der Rückkehr ihres Liebsten aus dem Krieg in Indien zu Grabe getragen wurde, bildet den Hintergrund für die jährliche Suche nach einer neuen irischen Schönheit.

Jeweils im August schlägt die Stunde der Wahrheit. Junge Frauen aus aller Welt treten seit 1959 zum Finale um die „Rose von Tralee" an (www.roseoftralee.ie). Wichtigste Voraussetzung: Die Kandidatinnen müssen irische Vorfahren nachweisen können. Wer in den regionalen Wettbewerben bestanden hat, darf nach Tralee reisen und nimmt am fünftägigen Spektakel mit Talentwettbewerben im Singen, Tanzen, Musizieren und an öffentlichen Diskussionsveranstaltungen teil, die im Fernsehen übertragen werden. Die Krönungszeremonie mit anschließendem Feuerwerk feiern 200000 Einheimische und Besucher auf Kerrys Straßen.

Für die großartigen Halbinsel-Rundfahrten wie den knapp 180 Kilometer langen Ring of Kerry auf der Halbinsel Iveragh sind nicht Pferde, sondern Touristenbusse im Einsatz, die wegen des Andrangs und der schmalen Straßen alle entgegen dem Uhrzeigersinn in derselben Richtung fahren, um sich nicht in die Quere zu kommen.

UNESCO-WELTERBE: SKELLIG MICHAEL

Die meisten Busse halten auf Valentia Island – für einen Besuch des Skellig-Islands-Infozentrums. In die Abgeschiedenheit dieser vorgelagerten Inseln aus grauem Schieferstein, nur umgeben von den Wellen des Atlantik, hatten sich im 6. Jh. Mönche zurückgezogen, um in Ruhe zu meditieren. Auf Skellig Michael, dem Erzengel Michael geweiht, finden Besucher nach schaukeliger Überfahrt zwei Oratorien und sechs, großen Bienenkörben ähnliche, aus Stein geschichtete Mönchszellen. Zu einem schmalen Rasenflecken, auch „Gottes Sattel" genannt, führt eine 500 Stufen lange, in den Felsen gehauene Steintreppe.

Das benachbarte Small Skellig ist dicht bewohnt, allerdings nicht von Menschen, sondern von einer 20000 Schnäbel starken Tölpel-Kolonie.

ENGLISH MARKET IN CORK

Vom Arme-Leute-Markt zum kulinarischen Mekka

Schon seit 1788 kaufen die Familien im Südosten Irlands hier ein. Der Markt hat die großen Hungersnöte, Revolutionen, Kriege, Feuer und Wirtschaftskrisen überstanden. Heute zeigt er, was Irlands Landwirtschaft und seine Küche ausmacht. Auch hier geht der Trend zu organisch erzeugten Produkten.

Wenn einen der Hunger überkommt, sorgen Stände und ein Café für Abhilfe.

In den Auslagen von O'Flynns Gourmet Sausages türmen sich die Berge von Würstchen. Alle handgemacht im eigenen Betrieb, nichts kommt aus der Dose. Das grobe Blackwater-Würstchen aus Schweinefleisch schmeckt einfach herzhaft und gut. Das Rezept, zusammen mit dem Küchenchef vom Tannery Restaurant in Waterford entwickelt, enthält auch Apfelstückchen von den Plantagen am Blackwater River. Das Cork-Boi-Würstchen wird mit Bier – Murphys Stout –, frischen Zwiebeln und Thymian zubereitet. Das ganze Fleisch für die 30 Würstchenarten kommt aus Irland, das Rindfleisch stammt nur von Angus- und Hereford-Rindern. Den Stand von Michael Bresnans & Sons gibt es sogar schon seit 1898, auch hier stammt das meiste Fleisch von Höfen aus der Umgebung.

Und erst das Fischangebot! Bei Kay O'Connell's können einem die Augen übergehen. Das Angebot ist üppig: Steinbutt, Lachs, Heilbutt, mehrere Seezungenarten, Schwertfisch, dazu Mies- und andere Muscheln, Langusten, Krebse, natürlich auch lebender Hummer aus dem Bassin. Kay hat das Fischgeschäft 1964 gegründet, jetzt betreiben es ihre beiden Söhne. Wer hier einem Fisch aus der Auslage morgens tief in die Augen schaut, kann ihn möglicherweise abends auf dem Teller eines Feinschmeckerrestaurants in Cork oder Umgebung wiedererkennen, denn unter den Stammkunden sind viele Chefköche von Gourmettempeln.

Der English Market von Cork hat eine lange Tradition. Schon vor 400 Jahren wurde ein Markt an dieser Stelle erwähnt, die jetzige Markthalle – ein architektonisches Juwel – steht seit 1786. Nach einem verheerenden Brand 1980 wurde sie nach dem alten Vorbild rekonstruiert und wieder aufgebaut, natürlich mit modernen technischen und sanitären Einrichtungen.

Auch der etwas verwunderliche Name, eigentlich würde Irish Market ja besser passen, hat seine Vorgeschichte. Unter britischer Kolonialherrschaft durften Markthändler nur dann ihre Stände aufbauen, wenn sie die englische Sprache beherrschten und die Waren auch so auszeichneten. Lange kauften hier auch die weniger betuchten Corkonians ein. Und Drisheen, eine Art Blutwurst, Tripe, Innereien sowie traditioneller White Pudding mit Zutaten, die man gar nicht alle wissen möchte, werden auch heute noch gern gekauft, gleich neben griechischen Oliven und indischen Gewürzen.

FAKTEN

Adresse & Öffnungszeiten
Oliver Plunkett Street/Grand Parade;
Mo.–Sa. 8.00–18.00 Uhr

Maßstab 1:800.000
0
10km
01
02
03
04
05
06
CORK
CORCAIGH
Limerick
Luimneach
Killarney
Cill Airne
Tralee
Trá Lí
Clonmel
Cluain Meala
Ballincollig
Baile an Chollaigh
Douglas
Dúglas
Cobh
An Cóbh
Mallow
Mala
Dungarvan
Dún Garbhán
Youghal
Eochaill
Bantry
Kinsale
Kenmare
Killorglin
Dingle
An Daingean
Shannon
Sionainn
Tipperary
Tiobraid Árann
Cashel
Cahir
Fermoy
Mitchelstown
Macroom
Skibbereen
Clonakilty
Bandon
Droichead na Bandan
Listowel
Mouth of the Shannon
River Shannon
Loop Head
Kerry Head
Tralee Bay
Dingle Peninsula
Dingle Bay
Blasket Islands
Great Blasket Island
Inis Mhic Aoibhleáin
Valencia Island
Skellig Islands
Skellig Michael
Iveragh
Uíbh Ráthach
Ring of Kerry
Beara Peninsula
Caha Mountains
Kenmare River
Bantry Bay
Bear Island
Dursey Island
Mizen Head
Sheep's Head
Roaringwater Bay
Clear Island
Sherkin Island
Cape Clear
Old Head of Kinsale
Courtmacsherry Bay
Galley Head
Toe Head
Seven Heads
Power Head
Cork Harbour
Youghal Bay
Knockadoon Head
Ardmore
Dungarvan Harbour
Slieve Mish Mountains
Mullaghareirk Mountains
Boggeragh Mountains
Nagles Mountains
Derrynasaggart Mountains
Shehy Mountains
Galty Mountains
Knockmealdown Mountains
Comeragh Mts.
Monavullag Mountains
Macgillycuddy's Reeks
Carrantuohill 1040
Mangerton Mountain 840
The Paps
Gap of Dunloe
Muckross Abbey
Ross Castle
Killarney National Park
Lady's View
Derrynane National Park
Derrynane House
Staigue Stone Fort
Leacanabuaile Stone Fort
Gallarus Oratory
Garinish Garden
Bantry House
Dunboy Castle
Drombeg Stone Circle
Garranes Ring Fort
Blarney Castle
Kilcolman Castle
Crag Cave
Rattoo Round Tower
Carrigafoyle Castle
Bunratty Castle
Lough Gur Stone Age Centre
Rock of Cashel
Athassel Priory
Cahir Castle
Mitchelstown Caves
Mount Melleray Monastery
Strandcally Castle
Kilcooley Abbey
Swansea
Roscoff

Naturschauspiele und Prachtbauten

Bei Urlaubern wie Einheimischen ist der Süden Irlands äußerst beliebt – angesichts der malerischen Landschaften und lebhaften Städtchen kein Wunder. Felsige Küsten und Eilande laden zu Entdeckungstouren ein, in idyllischen Seen spiegelt sich die sattgrüne Vegetation wieder und alte Herrensitze mit prächtigen Gärten verlocken nicht nur im Sommer zu einem Besuch.

01 CORK

Die zweitgrößte Stadt der Republik und drittgrößte der Insel (119 000 Einw.) ist gleichzeitig Hauptstadt des größten irischen County und wirtschaftliche Metropole des Südens. Das Zentrum der lebendigen Universitätsstadt wird von zwei Armen des River Lee eingefasst und ist von über einem Dutzend Brücken mit dem Festland verbunden.

Sehenswert

Am Nordufer des Lee River beginnt hinter der **St Mary's Church** (1832–1839) das Shandon-Viertel; es wird vom zweifarbigen Turm der Kirche **St Ann's Shandon** von 1722 überragt (www.shandonbell.ie; Juni–Sept. Mo.–Sa. 10.00 bis 17.00, So. 11.30–16.30 Uhr). Der elegant über die Altstadtinsel geschwungene Einkaufsboulevard **St Patrick Street** war wie **Grand Parade** einst Teil einer Kanalverbindung zwischen den beiden Armen des River Lee. An seinem Nordende mahnt eine **Statue von Father Mathew,** dem „Apostel der Mäßigung", aus der ersten Hälfte des 19. Jh.s, vor den verderblichen Folgen des Alkoholkonsums. Neben dem 1724 errichteten früheren Zollamt steht am North Channel das **Opera House** (www.corkoperahouse.ie), in dem bis zu 1000 Zuschauer Opern, Konzerte und Theatervorstellungen verfolgen können. Die breite Grand Parade führt vorbei an der Halle des **English Market** (1610); das **National Monument** am South Channel des Lee ehrt die Freiheitskämpfer von 1798–1867. Bei der benachbarten South Gate Bridge wurden früher die abgeschlagenen Köpfe Hingerichteter zur Abschreckung aufgespießt. Gleich südlich davon ragt der Turm der **St Finbarr's Cathedral** 40 m hoch in den Himmel von Cork, 1878 neugotisch zu Ehren des Stadtheiligen erbaut.

Museen

Im früheren Zollamt ist mit der **Crawford Municipal Art Gallery** die Kultur eingezogen; sie zeigt überwiegend irische und britische Kunst aus dem 18. Jh. bis heute (Emmet Place; Mo. bis Sa. 10.00–17.00, Do. bis 20.00 Uhr). Nahe St Ann's Shandon lohnt das **Cork Butter Museum** einen Besuch (O'Connell Square, http://corkbutter.museum; März–Okt. tgl. 10.00–17.00/18.00, Nov.–Feb. Sa./So. bis 15.30 Uhr); in den Räumen der früheren Butterbörse erfährt man alles über Butterherstellung und Vertrieb. Das ehem. Stadtgefängnis liegt im Westen der Altstadt; die düstere Atmosphäre des **City Goal** mit Geräuscheffekten und Graffiti einstiger Gefangener lässt auch heutige Besucher gruseln (Convent Avenue, Sunday's Well; tgl. März–Okt. 9.30–17.00, sonst 10.00–16.00 Uhr).

Veranstaltungen

Das **Cork Film Festival** präsentiert seit 50 Jahren im Herbst vor allem irische Spiel- und Kurzfilme (Emmet House, Emmet Place, Tel. 021 4 27 17 11, www.corkfilmfest.org). Ende Okt. erobert das internationale **Jazz Festival** für vier Tage die Stadt (http://guinnessjazzfestival.com).

Restaurants

Jacobs on the Mall bietet wunderbare Gerichte in einem umgebauten türkischen Dampfbad (30A South Mall, Tel. 021 4 25 15 30). **Café Paradiso** ist das wohl beste vegetarische Restaurant der Insel (16 Lancaster Quay, Tel. 021 4 27 79 39).

Unterkünfte

Isaac's liegt in einer Nebenstraße im Zentrum, interessant ist auch das „Greene's"-Restaurant (48 Mac Curtain Street, www.isaacscork.com; DZ 45–150 €). Das **Blue Dolphin House** ist ein gut gelegenes B & B mit Garten (Western Road, www.bluedolphin.ie; DZ ab 70 €).

Tipp

Leeres Gerede

Blarney, nur einige Kilometer westlich von Cork, ist für seinen viel geküssten Stein bekannt, eine Zinne des Blarney Castle. Wer diesen Kuss auf dem Rücken liegend und mit etwas Hilfestellung schafft, soll die Gabe der Beredsamkeit erhalten. Dabei sollte man nicht allzu viel erwarten, denn „Blarney" bedeutet im Englischen so viel wie „leeres Gerede".

Überall laden gemütliche Pubs ein.

Einkaufen

Fantasievolle und schlicht-elegante Eigenkreationen von Geschirr und dekorativem Haushaltsdekor gibt es bei **Stephen Pearce Pottery** (Shangarry, Co. Cork, Tel. 021 4 64 68 07; Mo.–Sa. 10.00–18.00, So. ab 11.00 Uhr).

Umgebung

Lange war **Cobh** der Seehafen von Cork. Im Cobh Heritage Centre wird die Geschichte des Hafens von „Queenstown" erzählt; davor erinnert ein Denkmal an Annie Moore und ihre Brüder, die als erste Iren in die USA übersiedelten (tgl. 9.30–18.00, So. ab 11.00 Uhr).
In **Midleton,** 10 km östlich, wird im Jameson Centre der größten irischen Whiskey-Brennerei das „Wasser des Lebens", „Uisce Beatha", destilliert (www.tours.jamesonwhiskey.com; April bis Okt. tgl. 10.00–16.30, sonst vier Führungen zwischen 11.30 und 16.00 Uhr).

Information

Cork City Tourism, Grand Parade, Cork, Co. Cork, Tel. 021 4 25 51 00, www.corkcity.ie

02 KINSALE

Die kleine Hafenstadt mit engen Gassen und bunt bemalten Häusern heißt wegen ihrer vielen guten Restaurants auch Gourmethauptstadt von Irland.

Sehenswert

Das sternförmige **Charles Fort,** eine Verteidigungsanlage aus dem 17. Jh., kann man besichtigen (Summer Cove; Mitte März–Okt. tgl. 9.00–18.00 Uhr).

Information

Chamber of Tourism, Pier Road, Kinsale, Co. Cork, Tel. 021 4 77 22 34, www.kinsale.ie

Infos

03 BANTRY

Die Lage an einer der schönsten Buchten Irlands sowie die Ausflugsziele der Umgebung machen den besonderen Reiz von Bantry aus. Das durch den Golfstrom begünstigte Klima lässt eine üppige Vegetation gedeihen, mit Palmen, Rhododendren und Fuchsienhecken.

Sehenswert

Bantry House and Gardens heißt seit 1739 der Wohnsitz der White-Familie, der früheren Grafen von Bantry. Im Herrenhaus sind kostbare Wandteppiche, Möbel und Porzellan zu besichtigen, die Gartenanlagen gehören zu den schönsten Irlands. Das French Armada Exhibition Centre in den Stallungen erinnert an den 1796 missglückten Versuch der revolutionären französischen Marine, aufständischen Iren zu Hilfe zu kommen (www.bantryhouse.com; Ende März–Okt. Di.–So. 10.00–17.00 Uhr).

Aktivitäten

Harbour Queen Ferryboats bringt Urlauber von Glengarriff (20 km nördl.) zu den Mittelmeergärten der vom Golfstrom begünstigten **Garinish Island** (Tel. 027 6 31 16).

Restaurants

Im **Heron's Cove** lassen sich nicht weit von Mizen Head frischer Fisch und Muscheln mit einem Glas Wein genießen (The Harbour, Goleen, Tel. 028 3 52 25; April–Okt. abends).

Allabendlich serviert **Annie May** irische Klassiker, am Wochenende oft mit Livemusik (11 Bridge Street, Skibbereen, Tel. 028 2 29 30).

Unterkunft

Glengarriff Eccles Hotel ist ein nettes Haus mit Bar und Restaurant (Glengarriff Harbour, Glengarriff, Tel. 027 6 30 03, www.eccleshotel.com; DZ 100–150 €).

Einkaufen

Sa. (9.30–13.30 Uhr) ist großer Bauernmarkt in Skibbereen (28 km südöstl.).

> **Tipp**
>
> ### Fest mit Krönung
>
> Puck Fair, das traditionsreiche Straßenfest mit Wurzeln in vorchristlicher Zeit, findet jedes Jahr vom 9. bis 12. August in Killorglin, nordwestlich von Killarney, statt. Traditioneller Höhepunkt des Festes mit Pferdemarkt, Umzügen, Konzerten und einem großen Feuerwerk ist die Krönung eines Ziegenbocks.

Aus frühgeschichtlichen Zeiten: Dromberg Stone Circle

Umgebung

Von der 230 m hohen Klippe **Mizen Head** (45 km südw.) bietet sich ein eindrucksvoller Blick auf die Felsenküste (Besucherzentrum in der über eine Brücke erreichbaren Signalstation). 17 Steinmonolithen bilden östl. Gladmore den über 2000 Jahre alten **Drombeg Stone Circle** mit 9 m Durchmesser; am 21. Dez., zur Wintersonnenwende, fällt das Licht der untergehenden Sonne genau auf den Altarstein.

Die abgelegene felsige **Beara Peninsula** ragt 60 km nach Südwesten in den Atlantik; der 200 km lange Wanderweg rund um die Halbinsel führt durch einsames, karges Land, vorbei an kleinen Seen, prähistorischen Steinformationen, Gräbern und Steinkreisen.

Information

Tourism Office, Old Courthouse, The Square Bantry, Co. Cork, Tel. 027 5 02 29

04 KILLARNEY

Der Ort am Rande des gleichnamigen Nationalparks ist seit über 200 Jahren das touristische Zentrum Südirlands und das Tor zur Panoramastraße Ring of Kerry.

Sehenswert

Der beschauliche 10 000 ha große **Killarney National Park** umfasst drei Seen, einen weiten Eichenwald, das **Ross Castle** aus dem 15. Jh., das viktorianische **Muckross House** (1843) mit einem Kunstgewerbemuseum (www.muckross-house.ie; Juli/Aug. tgl. 9.00–19.00 Uhr) und einem Traditions-Bauernhof sowie die Ruinen der **Muckross Abbey** (Urspr. 15. Jh.).

Aktivitäten

Drei in einer Parklandschaft angelegte **Golfplätze** gruppieren sich um einen See (The Killarney Golf & Fishing Club, Mahony's Point, Tel. 064 3 10 34). In Killarney starten Bustouren auf dem **Ring of Kerry** ▶**TOPZIEL**, der Panorama-Küstenstraße rund um die buchtenreiche Halbinsel Iveragh. **Wandern** und **Fahrrad fahren** (Leihfahrräder in mehreren Geschäften in Killarney) im Nationalpark und im Bergland der Halbinsel Iveragh.

Restaurants

Das **Caragh** ist ein Traditionsrestaurant mit irischen Spezialitäten (106 New Street, Tel. 064 3 16 45; bis 15 €).

Im **Danny Mann Pub** gibt es verschiedene lokale Biere und allabendlich Live-Folkmusik (New Street, im Eviston House Hotel, www.dannymannpub.ie; bis 9 €).

Unterkünfte

Randles Court ist ein gepflegtes Urlaubshotel (Muckross Road, Tel. 064 6 63 53 33, www.randlescourt.com; DZ über 150 €).

Das B & B **Iveragh Heights** liegt am Ring of Kerry (Cahersveen, Tel. 066 9 47 25 45, www.iveraghheights.com; DZ bis 80 €).

Einkaufen

Die meisten Tourbusse auf dem Ring of Kerry stoppen am **Waterville Craft Market**; im Angebot sind Kunsthandwerk, Töpferwaren, Schmuck, Strickwaren und andere Textilien.

Umgebung

Von Port Magee und Derrynane Fahrten zu den **Skellig Islands.** Das Besucherzentrum Skellig Experience auf Valencia Island informiert über die Geschichte und Natur (Tel. 066 9 47 63 06).

Information

Tourist Information Office, Beech Road, Killarney, Co. Kerry, Tel. 064 3 16 33, www.killarney.ie

DuMont Aktiv

Wandern auf dem Kerry Way

Vom Gipfel des Hügels bietet sich ein herrlicher Fernblick über die verwitterte, von Moos, Büschen und kleineren Wäldchen bewachsene Hügellandschaft bis zum blauen Atlantik. Der Kerry Way führt parallel zur Küstenstraße Ring of Kerry über die Halbinsel Ivernagh.

Glücklicherweise spart die Wanderstrecke die Berggipfel aus, die zu den höchsten Irlands gehören, doch auch so ist der Wanderweg nicht weit von der Panoramastraße des Ring of Kerry eine Herausforderung. Schließlich geht es insgesamt 215 km rund um die Halbinsel Ivernagh, und wer die Strecke hinter sich bringt, hat mit dem ständigen Auf und Ab auch insgesamt 4000 Höhenmeter bewältigt. Die „boreens“, längst stillgelegte Kutschenwege, gehören zu den bequemsten Strecken. Nur die Etappen durch die bergigen Regionen zwischen Glenbeigh und Black Valley verlangen Trittsicherheit. Und das Beste: die Karawane von Tourbussen auf der Küstenstraße sieht man nur gelegentlich aus der Ferne.

Rast am Mount Eagle

Killarney, schon zu viktorianischen Zeiten touristische Metropole im Süden der Insel, ist Ausgangs- und Endpunkt einer der längsten markierten Wanderstrecken Irlands. Neun Tage benötigen Wanderer im Durchschnitt für die Strecke, andere legen einige Pausen ein oder planen gleich kürzere Tagesetappen. Die gute Nachricht: Bus Eireann kurvt auch über den Ring of Kerry und kann fußmüde Wanderer in den Dörfern entlang der Straße auflesen.

Die Natur begeistert auch Kinder.

AKTUELLE INFORMATIONEN IM INTERNET
Streckenbeschreibungen, Karten und Unterkünfte zum Kerry Way hält die Website **www.kerryway.com** bereit.

05 TRALEE

Der 800 Jahre alte Countysitz von Kerry ist bekannt wegen des jährlichen Schönheitswettbewerbes um die „Rose von Tralee“. Das reiche Kulturangebot lohnt einen Aufenthalt.

Museen
Das **Kerry County Museum** fasziniert mit einer audiovisuellen Zeitreise (Ashe Memorial Hall; Juni–Aug. tgl. 9.30–17.00, sonst Di.–Sa.). Ein Teilstück der **Tralee & Dingle Light Railway** wurde zwar restauriert, aber es gibt nur einen eingeschränkten Betrieb (www.tdlr.org.uk) zwischen der Ballyard Station (Dingle Road) und Blennerville.

Restaurant
Der urige **Kate Brown's Pub** in Ardfert bietet mittags und abends leckere Fischgerichte an (Ardfert, Tel. 066 7 13 40 55; bis 15 €).

Unterkunft
Das **Meadowlands Hotel** besitzt auch ein exquisites Fischrestaurant (Oakpark, Tralee, Tel. 066 7 18 04 44, www.meadowlandshotel.com; DZ 150 € und mehr).

Information
Tourist Information, Ashe Memorial Hall, Denny St., Tralee, Co. Kerry, Tel. 066 7 12 12 88, www.tralee.ie

06 DINGLE

Eine Küstenrundfahrt auf der Dingle-Halbinsel gehört zu den ganz besonders schönen Erlebnissen in Irland.

Sehenswert
Im modernen **Oceanworld Aquarium** mit seinen tropischen und heimischen Wasserbewohnern kann man sich lange aufhalten (beim Hafen, Tel. 066 9 15 21 11; tgl. 10.00–17.00 Uhr).

Restaurant
Doyle's Seafood Restaurant ist das beste Fischrestaurant weit und breit (4 John Street, Tel. 066 9 15 26 74; 23–35 €).

Unterkunft
Das **Castlewood House** serviert ein exzellentes irisches Frühstück und verströmt eine herzliche Atmosphäre (The Wood, Dingle, www.castlewooddingle.com; DZ ab 45 €).

Information
Tourist Information, The Quay, Dingle, Tel. 066 9 15 11 88, www.dingle-peninsula.ie

Am Fluss entlang

Gemächlich mäandert der River Shannon von seiner Quelle am Fuße des Cuilcagh Mountain an der Grenze zu Nordirland bis zum 80 Kilometer langen Mündungstrichter in den Atlantik. Auf dem Weg zum Meer verweilt sein Wasser immer wieder in buchtenreichen Seen. Schilf, Weiden und bewaldete Landzungen säumen die Ufer. Der Fluss führt vorbei an Burgen und Klosterruinen, an kleinen Dörfern und Provinzstädtchen bis nach Limerick, der viertgrößten Stadt der grünen Insel.

Unendlich grün und wasserreich – so sieht Irlands Mitte am Lough Derg aus.

Ganz oben: Lebendige Vergangenheit im Freilichtmuseum Craggaunowen (links). Clonfert Cathedral, Heimat des hl. Brendan (rechts).
Oben: Torfstechen ist Handarbeit wie hier bei Shannonbridge.
Rechts: Der Park von Birr Castle ist für seine exotischen Gewächse bekannt.

Lough Derg ist beliebt bei Anglern und Freizeitkapitänen.

An der Mündung des Shannon kann man mit etwas Glück Delfine beobachten.

Der Shannon ist der längste Fluss Irlands. Nach einer Reise von 386 km mündet er in die lang gezogene Bucht des River Shannon Estuary zwischen den Counties Clare und Limerick. Mit seiner geringen Strömung, den grünen Landschaften, einer Fülle von Sehenswürdigkeiten nahe der Ufer, besten Fischgründen und der unkomplizierten Navigation ist der Shannon eines der beliebtesten Reviere für Hausbootferien in Europa.

Knapp 250 km des Flusses sind schiffbar. Einen Führerschein benötigt man für die Kabinenkreuzer nicht. Die detaillierte Einweisung und die ausgezeichneten Navigationshilfen entlang dem Fluss genügen. Wegen des geringen Gefälles gibt es nur acht Schleusen. So müssen die Besatzungen das schwierigste Manöver der Schiffstouren, das „Einparken" in die oft dicht gedrängt besetzten Schleusenkammern, nicht allzu oft wiederholen.

IDEAL FÜR FREIZEITKAPITÄNE

Viele Boote starten in Killaloe nordwestlich von Limerick und kreuzen auf dem fast 40 km langen, binnenseeähnlichen Lough Derg – beliebt wegen seiner abwechslungsreichen Küste mit Hügeln und Buchten. Wer hier seine Angel ins Wasser hängt, hat gute Chancen, einen Hecht oder Barsch zum Abendessen an Bord zu ziehen. Die großen Moorgebiete in der Tiefebene zwischen Portumna an seinem Nordufer und Athlone im Süden des Lough Ree lieferten über Jahrhunderte Brennstoff zum Heizen vieler Katen und befeuern heute die nahe gelegenen Torfkraftwerke von Shannonbridge und Lanesborough. In den Sümpfen haben Archäologen 9000 Jahre alte Feuersteine von Bewohnern prähistorischer Zeiten gefunden.

DER STROM, DER SEE UND DER HIMMEL

In einer weit ausholenden Schleife nähert man sich dem leicht erhöht liegenden Klosterbezirk Clonmacnoise. Am Anleger sind eigentlich immer Boote vertäut, deren Besatzungen sich den Besuch des 1500 Jahre alten Heiligtums nicht entgehen lassen.

Athlone im Süden des Lough Ree gehört schon zu den „Großstädten" am Shannon River, doch auch seine Häuser

Rund 500 Jahre alt ist die Quin Abbey südöstlich von Ennis.

Schöne Reetdachhäuser machen Adare zu einem schmucken Ort.

Mittelalterbankett im Bunratty Castle

Keltische Töne auf dem Festival Fleadh Nua in Ennis

Special GETRÄNKESPEZIALITÄT

Der erste Irish Coffee

Caife Gaelach – ein köstlicher Aufwärmer für kalte Tage

Lange Zeit galt das Café Buena Vista in San Francisco fälschlicherweise als Ursprungsort des Irish Coffee. Dabei wurde er 1942 im Westen Irlands erfunden.

Joe Sheridan, Küchenchef des gerade eröffneten Restaurants im Terminal des Hafens für Wasserflugzeuge bei Foynes, servierte durchgefrorenen Transatlantikpassagieren Kaffee mit einem Schuss irischen Whiskey. Auf die Frage: „Ist das brasilianischer Kaffee?" antwortete er mit den historischen Worten „No, irish Coffee!". Heute wird Irish Coffee im hitzebeständigen Glas serviert: Zunächst erwärmten Whiskey mit etwas Zucker verrühren, dann Glas mit starkem Kaffee auffüllen. Die Krönung ist eine Haube geschlagene Sahne.

und Kirchen wirken klein gegen den Strom, den See und den Himmel. Auf dem offenen Lough Ree ist das Wetter schon deutlicher zu spüren. Weht der Wind zu heftig, suchen viele Bootsfahrer lieber in den Buchten des Inner Lake im Südosten Schutz. Auch der traditionsreiche Lough Ree Yachtclub hat hier eine romantisch gelegene und geschützte Marina. In dem von Inseln gesprenkelten See, der wegen seiner Untiefen genaue Beachtung der Fahrwasser fordert, fühlen sich auch allerlei Wildvögel wohl: Graureiher, Wildgänse und auch Singschwäne begleiten hier die Urlauber.

ÜBER DIE GRÜNE GRENZE

Nördlich des Lough Ree geht es geruhsamer weiter, bei Roosky reizt ein Abstecher in die Seenlandschaft der Carnadoe Waters, wo sich Schilffelder im Winde biegen. In Carrick-on-Shannon haben mehrere Vercharterer ihren Sitz. Und gut ausgerüstete Supermärkte füllen gern die Vorratsschaps an Bord der Schiffe, die von hier zu ihren Touren starten. Wer will, kann nun den von Wäldern eingefassten Lough Key und das Städtchen Boyle mit seiner Zisterzienserabtei besuchen oder über den mit Mitteln der Europäischen Union wieder hergerichteten historischen Lough-Erne-Waterway bis zu den Insellabyrinthen der Erne-Seen in Nordirland vorstoßen.

Hier spürt man die Gewalt des Meeres: Cliffs of Moher

Grüße aus der Frühzeit: Dolmen von Poulnabrone

The Burren ist durchzogen von Rad- und Wanderwegen.

Heiratsmarkt in Lisdoonvarna

Liebe liegt in der Luft. Im September jeden Jahres zieht das kleine Städtchen Lisdoonvarna rund 40 000 Besucher an, alle auf der Suche nach dem oder der Richtigen. Der Heiratsmarkt im County Clare hat sich von einem regionalen Ereignis zu einem internationalen Event gemausert.

Kevin kommt schon seit Jahren hierher. Immer an einem Wochenende im September macht sich der Bankangestellte von Belfast auf den Weg, um hier eine „Herzdame" zu finden. Gelegenheiten gibt es genug, auch wenn die Herren auf Brautschau eindeutig in der Überzahl sind. Kevin ist gewissermaßen Routinier, nur mit einer dauerhaften Verbindung hatte er bisher noch kein Glück. Aber er weiß, wie es geht. Er hat sich vor drei Jahren noch bei Willy Daly, Matchmaker in der dritten Generation, in das große Buch eingetragen. Willy, der ihm verschiedene „Dates" vermittelt hat, ist noch immer dabei, doch das Zepter hat er nach über 40 Jahren segensvoller Tätigkeit inzwischen an seine Tochter Marie übergeben. Auch sie beherzigt das Motto ihres Vaters, dass Liebe zwar wertvoll, aber noch wichtiger als Gold sei. „Denn Gold ist kalt und die Liebe heiß", so Willy Daly. In der Matchmaker Bar im Imperial Hotel von Lisdoonvarna befindet man sich noch immer im Epizentrum des Geschehens. Frauen werden hier kostenlos registriert, Männer zahlen 20 Euro für die Hoffnung auf das große Glück.

Lisdoonvarna, ein eher unscheinbarer Marktflecken mit weniger als 800 Einwoh-

Der Heiratsmarkt erfreut sich seit vielen Jahren eines großen Zuspruchs.

Matchmaker Willy Daly, seit über 40 Jahren im Einsatz

nern, liegt am Rande des Burren, einer kargen Karstlandschaft nicht weit von Irlands Westküste. Heilende Schwefelquellen haben eine Zeit lang einen kleinen Kurbetrieb am Leben gehalten. Im Herbst, wenn die Ernte eingefahren war und das Heu die Scheune füllte, kamen schon vor 150 Jahren heiratswillige Farmer und Fischer hierher, um auf Brautschau zu gehen. Andere brachten ihre Töchter mit, auf der Suche nach einem geeigneten Ehekandidaten. Heiratsvermittler, „Matchmaker“, oft im Hauptberuf Viehhändler, die viel herumkamen, halfen dabei.

Selbst wenn sich heute echte Heiratskandidaten mit vielen erlebnishungrigen Festivalbesuchern, denen es vor allem um „Craic“, also um möglichst viel Spaß geht, mischen, werden in Lisdoonvarna noch immer Bünde fürs Leben geschmiedet. Dabei kommen die Besucher aus dem nahen Ennis wie auch dem fernen Nepal. Hier geht es eben nicht um ein Internet-Dating, bei dem man auf bunte Bildchen klickt, stattdessen kann man gleich bei einem flotten Tänzchen prüfen, ob die Chemie mit dem ausgewählten Partner auch wirklich stimmt.

Wer den Entschluss fasst, zum größten Heiratsmarkt Europas aufzubrechen, oder die irische Partnermesse in eine Inselrundreise integrieren will, sollte rechtzeitig ein Quartier in dem kleinen Ort oder in der Nachbarschaft reservieren. Es gibt zwar 17 Pubs, in denen im September irische Gruppen mit Folk-Musik zum Tanz aufspielen, doch trotz der inzwischen vier Hotels nur vergleichsweise wenige Unterkünfte. Der große Besucherstrom hat aus dem regionalen Wochenende längst ein internationales monatelanges Event gemacht, mit Pferderennen, einem Barbecue-Fest, einem Wettbewerb von irischen Marschkapellen und als Höhepunkt am letzten Wochenende im September der Wahl zu einem Mister und einer Mrs. Lisdoonvarna.

Wer beim Matchmaker Festival nicht den Partner fürs Leben gefunden hat, der erhält in den folgenden Monaten möglicherweise noch Post mit Vorschlägen von Marie Daly oder macht sich wie Kevin aus Belfast im nächsten Jahr einfach wieder auf den Weg nach Lisdoonvarna, für ein paar schöne Tage im September.

AUF EINEN BLICK

Matchmaking Festival Lisdoonvarna
www.matchmakerireland.com

Unterkunft
The Imperial Hotel,
Lisdoonvarna, Co. Clare,
Tel. 065 707 40 42,
www.theimperial-hotel.com

Downpatrick Head
Sligo
Sligeach
Sligo Bay
Enniskillen
Northern Ireland
Ballina
Béal an Átha
Ox Mountains
Slieve Gamph
Iron Mountains
Boyle
Carrick-on-Shannon
Cara Droma Rúisc
Lough Allen
Castlebar
Caisleán an Bharraigh
Westport
Claremorris
Knock
Ballyhaunis
Castlerea
Roscommon
Longford
An Longfort
Cavan
An Cabhán
Mullingar
An Muileann
Lough Mask
Lough Corrib
Tuam
Athlone
Baile Átha Luain
Ballinasloe
Béal Átha na Sluaighe
Galway
Gaillimh
Galway Bay
Tullamore
Tulach Mhór
Loughrea
Slieve Aughty Mountains
Slieve Bloom Mountains
Portumna
Birr
Port Laoise
Roscrea
Ennis
Inis
Burren
Cliffs of Moher
Lough Derg
Nenagh
An tAonach Urmhumhan
Limerick
Luimneach
Shannon
Sionainn
River Shannon
Thurles
Durlas
Kilkenny
Cill Chainnigh
Cashel
Tipperary
Tiobraid Árann
Rock of Cashel
Maßstab 1:800.000
0
10km
01
02
03
04
05
06

„Take me to the river"

In der Inselmitte ist man selten weit entfernt vom Shannon, Irlands bedeutendstem Fluss. Auf weiten Teilen schiffbar, steht er vor allem bei Freizeitkapitänen hoch im Kurs. An der Küste dagegen brechen sich die Atlantikwellen an schroffen Klippen, die Karstlandschaft Burren überrascht mit einer ungewöhnlichen Pflanzenvielfalt.

01 CARRICK-ON-SHANNON

Die günstige Lage am Shannon und die Nähe zum Shannon-Erne-Kanal war Grund für die Entwicklung des Hauptstädtchens des County Leitrim. Heute sind nahe der alten Steinbrücke über den Fluss viele Bootsvermieter ansässig.

Sehenswert

Die 1877 errichtete **Costello Memorial Chapel** (Ecke Main/Bridge Street) bedeckt eine Fläche von nur 18 m².

Umgebung

Reste der im 12. Jh. gegründeten Zisterzienserabtei **Boyle** (10 km nordw.) gehören zu den schönsten Irlands (April–Mitte Sept. tgl. 10.00–18.00 Uhr). Einst residierten protestantische Grundherren im **King's House;** heute veranschaulichen Multimedia-Ausstellungen die Geschichte der Region (Main Street; April–Sept. Di.–Sa. ab 11.00, letzter Einlass 16.00 Uhr).

Information

Tourist Information, The Marina, Carrick-on-Shannon, Co. Leitrim, Tel. 071 9 62 01 70, www.carrickonshannon.ie

02 ROSCOMMON

Der Name von Stadt und County setzt sich zusammen aus Ros („bewaldete Höhen") und dem Namen des hl. Coman (erster Bischof der Region). Der vom Shannon durchströmte Lough Ree weiter östlich gilt als Angelparadies.

Tipp

Flusskreuzfahrt

Silverline ist das älteste Familienunternehmen für Shannon-Bootstouren mit Booten für 3 bis 12 Passagiere. Die Einweisung erfolgt vor Ort, ein Bootsführerschein ist nicht notwendig.

Silverline Cruisers, The Marina, Banagher, Co. Offaly, www.silverlinecruisers.com

Sehenswert

Das eindrucksvolle **Roscommon Castle** am nördl. Stadtrand stammt wie die Klosterruinen am anderen Ende des Ortes aus dem 13. Jh.

Restaurant

Exzellente irisch-europäische Küche bietet das **Restaurant** im Gleeson's Townhouse Hotel; dazu gibt es noch ein Café mit Hausbäckerei (Market Square, Tel. 090 6 62 69 54; 15–20 €).

Unterkunft

Das elegante **Abbey Hotel** ist in einem Herrenhaus aus dem 18. Jh. untergebracht (Galway Road, Tel. 090 6 62 62 40, www.abbeyhotel.ie; DZ 70–150 €).

Einkaufen

Über 300 Jahre, bis zur Zerstörung des Ortes im Bürgerkrieg 1921, wurden in Knockcroghery (12 km südöstl.) handgemachte **Tonpfeifen,** „Dúidíns", hergestellt; jetzt gibt es sie wieder (Claypipe Visitors Centre; Mo.–Fr. 10.00–17.00, Sa. 12.00–16.00 Uhr).

Umgebung

Clonalis House in **Castlerea** (30 km nordw.) war einst Stammsitz der O'Conors, der Könige von Connaught. Besonders interessant im heutigen Regionalmuseum sind der alte Krönungsstein und die Harfe des 1738 verstorbenen, blinden gälischen Barden Turlough O'Carolan (Juni–Aug. Mo.–Sa. 11.00–17.00 Uhr, http://clonalis.com).

Information

Tourist Information Office, Market Square, Roscommon, Co. Roscommon, Tel. 090 6 62 56 13, www.visitroscommon.com

03 ATHLONE

Athlone ist mit ca. 20 000 Einw. neben Limerick die größte Stadt am River Shannon. Den Kreuzungspunkt des wichtigsten Wasserweges mit der Ost-West-Verbindung von Dublin nach Galway befestigten schon die Normannen 1210 mit einer Burg.

Museum

In der Ausstellung im „Central Keep" des nach einer Renovierung im Sommer 2012 wieder eröffneten **Castle** wird die Geschichte von Burg und Region lebendig (www.athloneartandheritage.ie).

Veranstaltungen

Der Pferdemarkt **Horse Fair and Festival** in Ballinasloe (südw.) reicht bis in die Zeit der Könige von Tara zurück. Noch immer werden in der ersten Okt.-Woche Hunderte von Pferden versteigert, umrahmt von Musik- und Tanzveranstaltungen, Umzügen, Reitturnieren und Straßenkunst (Festival Office, http://ballinasloeoctoberfair.com).

Schafe gehören zu Irland einfach dazu.

Restaurants

Das **Thyme Restaurant** lohnt einen Besuch; von Interesse sind die irischen Gerichte, die neu interpretiert werden (Custume Place, www.thymerestaurant.ie; ab 15 €).
Die Gerichte im **Locke Restaurant** werden in einer umgebauten Kirche serviert (The Docks, www.thelockerestaurant.com; 16–30 €).

Unterkunft

Die **Brosna Lodge** südl. Clonmacnoise bietet eine nette Bar und ein ordentliches Restaurant (Main Street, Banagher, Tel. 05791 5 13 50, www.brosnalodge.com; DZ 80–100 €).

Umgebung

Bis zu 6000 Mönche lebten im 8. Jh. in der **Klosteranlage von Clonmacnoise** (südl.), vom hl. Ciarán 548 gegründet. Immer wieder zerstörten Invasoren die Gebäude, und auch nachdem englische Truppen 1552 die Klosterbrüder endgültig vertrieben hatten, blieb der magische Zauber der Klosterruinen in einer Biegung des River Shannon erhalten. Clonmacnoise ist bis heute Wallfahrtsstätte und mit seinen acht Kirchen, darunter einer Kathedrale, 250 dekorativen Grabtafeln und Kreuzen – einige mit historischer Ogham-Schrift –, drei monumentalen Hochkreuzen mit Bildergeschichten, zwei Rundtürmen und einer Burgruine eine der wichtigsten Sehenswürdigkeiten des mittelalterlichen Irland. Ein informatives Besucherzentrum erläutert die Geschichte mit Filmen, Modellen und einigen der Originalfundstücke (Kernöffnungszeit tgl. 10.00–17.30 Uhr).

Information

Tourist Information (nur im Sommer), Athlone Castle, Athlone, Co. Westmeath, Tel. 090 6 49 46 30, www.athlone.ie

Infos

04 BIRR

Es macht Spaß, auf baumbestandenen Alleen an den georgianischen Häuserfronten von Birr entlangzuspazieren. Hauptattraktion des Ortes ist jedoch ohne Zweifel Birr Castle.

Sehenswert

In den Gartenanlagen von **Birr Castle Demesne** (Anf. 17. Jh.; www.birrcastle.com) gedeihen mehr als 2000 Pflanzenarten. Seine 12 m hohe Buchsbaumhecke soll die mächtigste der Welt sein. Das „Science Centre" im Park zeigt u. a. ein gewaltiges Teleskop, das der damalige Earl of Rosse 1840 für seine astronomischen Studien installieren ließ und mit dem er als erster Gelehrter Spiralnebel entdeckt hatte (Mitte März–Okt. tgl. 9.00 bis 18.00, sonst tgl. 10.00–16.00 Uhr).

Restaurant & Unterkunft

Im Haupthaus von **The Stables** werden leichte Gerichte und Snacks im Ambiente eines Townhouse serviert; dazu gibt es bequeme Gästezimmer (Oxmantown Mall, Tel. 05791 2 02 63; DZ ab 80 €).

Umgebung

Portumna, Marktstadt ganz im Norden des Lough Derg (24 km westl.), lohnt einen Stopp vor allem wegen seiner mit Ecktürmen befestigten Burg von 1618 und der dazugehörigen Zier- und Küchengärten (Besichtigung April bis Mitte Sept. tgl. 9.30–18.00 Uhr, im Okt. eingeschränkt). Die **Clonfert Cathedral** (20 km nördl.) gehört zu einem Klosterkomplex, in dem die letzte Ruhestätte des hl. Brendan liegen soll; die romanische Kathedrale ist auch für ihre mit steinernen Menschen- und Tierköpfen verzierten Portale bekannt.

Information

Tourist Information
www.midirelandtourism.ie

Tipp

Speisen wie die Ritter

Wer schon immer einmal wissen wollte, wie Rittersleute tafelten, kann an einem vergnüglichen mittelalterlichen Bankett im großen Saal des Bunratty Castle teilnehmen. Ein Zeremonienmeister führt durchs Programm, Minnegesang ertönt, es gibt Met zu trinken und gegessen wird natürlich mit den Fingern (Termine und Anmeldung: Tel. 061 36 07 88, www.shannonheritage.com).

Traditionelles und Modernes in Limerick

05 LIMERICK

Wikinger gründeten im 10. Jh. die strategisch günstig an der Mündung des Shannon gelegene Stadt. Die jüngere Geschichte der inzwischen mit dem modernen Arthur's Quay Centre an der O'Connell Street und dem gemütlichen Old Quarter etwas aufpolierten Industriemetropole wurde durch Frank McCourts Bestseller „Angela's Ashes" („Die Asche meiner Mutter") weltbekannt.

Sehenswert

König John ließ 1210 die nach ihm benannte Festung **King John's Castle** mit starken Befestigungsmauern und fünf Rundtürmen direkt am River Shannon errichten. Im Innenhof demonstrieren Darsteller in den Sommermonaten mittelalterliches Burgleben. Das Besucherzentrum erzählt multimedial die dramatische Geschichte von Limerick und seines Castle. Besucher können einen Blick auf Ausgrabungen im Burggelände werfen, die weit in vornormannische Zeiten reichen (Nicholas Street/Castle Street, www.shannonheritage.com; April–Sept. tgl. 9.30–17.30, sonst bis 16.30 Uhr). Die romanische **St Mary's Cathedral** (Urspr. 1172) wurde wiederholt umgebaut. Eindrucksvoll ist das eichene Chorgestühl (15. Jh.) mit einer Fülle geschnitzter allegorischer Figuren (Bridge Street; Mo.–Fr. 9.30–16.30).

Museum

Das **Hunt Museum** liegt südlich der Mündung des Abbey River in den Shannon. Es zeigt die früher private Kunstsammlung der Familie Hunt im Zollhaus aus dem 18. Jh. mit Fundstücken zum keltischen Kulturerbe der Insel, Waffen, Gebrauchsgegenständen und Schmuck, dazu eine Bildersammlung, die auch Werke von Leonardo da Vinci und Renoir enthält (Rutland Street, www.huntmuseum.com; Mo.–Sa. 10.00 bis 17.00, So. 14.00–17.00 Uhr).

Restaurant

Aubars Bar & Restaurant, eine moderne City Bar mit kleinen Speisen, steht mit lebhafter Atmosphäre und moderner irischer Küche für das neue, jugendliche Limerick (49 Thomas Street, www.aubars.com; 10–15 €).

Unterkunft

The Pier Hotel ist ein recht gepflegtes Haus im Zentrum direkt am Fluss (Sarsfield Bridge, www.thepierhotellimerick.com; DZ 80–150 €).

Umgebung

Insgesamt acht Mal wurde das mittelalterliche **Bunratty Castle** (16 km nordw.) nach Zerstörungen wieder aufgebaut. Der 1425 errichtete, prächtig renovierte Bau ist Ziel vieler Besucher, die auch das dazugehörige Museumsdorf mit restaurierten historischen Gebäuden aus der Region und einer altirischen Dorfgasse besichtigen (www.shannonheritage.ie; tgl. 9.30 bis 17.30 Uhr, Zugang zur Burg bis 16.00 Uhr).
Shannon Airport, der zweitgrößte Flughafen Irlands (www.shannonairport.ie), war früher erster oder letzter Stopp zum Auftanken für Transatlantikflieger. Das dazugehörige Städtchen mit 10 000 Einw. entstand erst in den 1960er-Jahren.
Adare am River Maigue (10 km südw.) gilt mit seinen Reetdachhäusern und blumengeschmückten Vorgärten zu Recht als besonders malerisch; dazu können Besucher die Ruinen von drei mittelalterlichen Klöstern erkunden.

Information

Tourism Centre, Arthur's Quay,
Limerick, Co. Limerick, Tel. 061 31 75 22,
www.limerick.ie

06 ENNIS

Die charmante Hauptstadt des County Clare am River Fergus nennt sich „Information Age Town" wegen der vielen Unternehmen der Informationstechnologie am Stadtrand.

Sehenswert

Franziskaner gründeten die **Ennis Friary** im 13. Jh.; zahlreiche Skulpturen aus Sandstein, darunter von Franz von Assisi sowie der Jungfrau Maria mit dem Kind aus dem 15./16. Jh., sind in der dekorativen Ruinenanlage erhalten (Abbey Street, Tel. 065 6 82 91 00; Ostern bis Sept. tgl. 10.00–18.00, bis Mitte Okt. 10.00 bis 17.00 Uhr).

Veranstaltungen
Das achttägige Festival **Fleadh Nua** im Mai versammelt die Freunde irischer Kultur zu Musik, Theater, Workshops, Lesungen und Diskussionen (www.fleadhnua.com). Große und kleinere Veranstaltungen zu traditioneller und moderner irischer Kultur wechseln sich auf beiden Bühnen in dem modernen **Glór Irish Music Centre** (Causeway Link, Tel. 065 6 84 31 03, www.glor.ie) ab, dazu gibt es noch ein nettes Café-Restaurant (Mo.–Sa. 10.00–16.00 Uhr).

Restaurant
Traditionelles Ambiente bietet **Knox Restaurant** über dem gleichnamigen Pub im Zentrum (Abbey Street, Tel. 065 6 82 92 64, tgl. mittags und abends; 14–25 €).

Unterkunft
Das **Old Ground Hotel** ist beliebt (O'Connell Street, www.flynnhotels.com; DZ 100–150 €).

Umgebung
„The Living Past" nennt sich das um eine 1550 erbaute Burg angelegte Freilichtmuseum in **Craggaunowen,** gut 10 km südöstlich von Ennis. Auf 20 ha bewaldetem Gelände können Besucher u.a. einen „Crannog", eine von Palisaden gesicherte Inselsiedlung im See, eine befestigte Straße aus der Eisenzeit und das nachgebaute Boot besichtigen, mit dem der hl. Brendan mehr als 900 Jahre vor Kolumbus Amerika entdeckt haben soll (bei Quin, www.shannonheritage.com; Mitte April–Aug. tgl. 10.00–17.00 Uhr). **Burren** oder „Boireann", steiniger Platz, heißt das 1000 km² große Gebiet zwischen Corrofin und Lisdoonvarna. Der Kalksteinuntergrund ist von Eiszeitgletschern platt gehobelt, in Furchen wachsen Gräser und kleine Pflanzen unterschiedlichster Klimazonen. Der **Poulna-brone-Dolmen** mit seiner waagerechten Deckplatte ist von weither zu sehen; die Grabstätte ist etwa 4000 Jahre alt (The Burren Centre, Kilfenora, www.theburrencentre.ie; Mitte März–Okt. 10.00–17.00, Juni–Aug. 9.30 bis 17.30 Uhr).

An der spektakulären Steilküste **Cliffs of Moher** ▶TOPZIEL ragen die Klippen um bis zu 223 m senkrecht in die Höhe. Beim Parkplatz am neu erbauten Besucherzentrum ist eine Gebühr fällig, den Blick in die Tiefe mit den schäumenden, sich an den Felsen brechenden Wogen des Atlantiks gibt es gratis dazu (Visitor Centre; tgl. ab 9.00 Uhr, Nov.–Febr. bis 17.00, März, April, Okt. bis 18.00/18.30, Mai, Juni, Sept. bis 19.00/19.30, Juli/Aug. bis 21.00 Uhr).

Information
Tourist Office, Arthur's Row, O'Connell Square Ennis, Co. Clare, Tel. 065 6 82 83 66, www.ennis.com

DuMont Aktiv

Segeln auf dem Lough Derg

Einige sitzen auf der Bootskante, andere lehnen sich, mit Gurten gesichert, weit über die Luvseite des Segelbootes, um dessen Trimmung zu verbessern. Die Wasserwelt des Shannon River in Irlands Mitte ist ein beliebtes Revier für Segler und Windsurfer.

Abgeschirmt von den zuweilen recht scharfen Winden an den Küsten geht es auf dem Shannon River und den drei durch den Fluss verbundenen Seen Lough Derg, Lough Ree und Lough Erne meist ruhiger zu, auch wenn Segler sich das Revier traditionell mit Hausbootfahrern teilen müssen. Bei Stürmen können die kurzen, erstaunlich hohen Wellen selbst für erfahrene Segler zur Herausforderung werden. Doch eigentlich ist die Seenlandschaft auch für Anfänger bestens geeignet, um das Segeln zu lernen. Windsurfer üben in den vielen kleinen und großen Buchten. Das absolut saubere Wasser lädt auch zum Schwimmen ein. Und nebenbei sind die Gewässer ein gutes Angelrevier für Hechte, Barsche und Forellen, die notwendigen Erlaubnisscheine erhält man vor Ort.

Immer hart am Wind bleiben

Überall kann man Yachten chartern.

Das für diverse Sportarten ausgebaute „Activity Centre" zu Füßen des Crag Hill am Ufer des malerischen Lough Derg gehört eigentlich der Universität von Limerick. Doch schon seit einigen Jahren hat hier jeder Zutritt und kann Segeln, Windsurfen oder Paddeln lernen. Und falls man in Irland sogar einen Segelschein erwirbt, wird er in Deutschland problemlos anerkannt.

WEITERE INFORMATIONEN

ULAC (University of Limerick Activity Centre), Two Mile Gate, Killaloe, Co. Clare, Tel. 061 37 66 22, ***www.ulac.ie***

Segel-Tageskurse ab 100 Euro, auch Verleih von Segelbooten. Zudem diverse andere Sportarten wie Bogenschießen, Seillaufen etc.

Karges Land, bunte Hafenstädte

Die Wogen des Atlantiks donnern gegen die Felsen der zerklüfteten Westküste. Steinwälle und Hecken sollen die Krume der schmalen Felder vor dem ständig wehenden Wind schützen. Torfmoore breiten sich fast bis zum Meer aus. Archäologische Fundstätten, auf den Aran-Inseln oder bei den Céide Fields von Mayo, belegen die Besiedlung der kargen Landstriche schon in vorgeschichtlicher Zeit und geben gleichzeitig Rätsel auf. Dazwischen setzt das Treiben von Hafenstädten wie Galway, Sligo oder Donegal lebhafte Kontrapunkte.

Die Aran Islands vor der Westküste Irlands bezaubern mit ihrer herben Schönheit.

Impressionen aus Galway:
Beim Oyster Festival im September (oben li.).
Die Quay Street mit ihren Pubs und Restaurants
bildet Galways Zentrum (oben re. und unten li.).
Fisch ist die Spezialität im „The Quay" (unten re.).

Ashford Castle bei Cong am Lough Corrib zählt zu den besten Hotels Irlands.

Denke wie ein Weiser, aber sprich die Sprache deiner Mitmenschen.

William Butler Yeats

To hell or to Connacht", „Zur Hölle oder nach Connacht", mit dieser Alternative wurden Mitte des 17. Jh.s viele Iren im blutigen Feldzug von Cromwells Truppen an den westlichen Rand der Insel vertrieben. An der schroffen Atlantikküste war das Klima rau und der Boden so steinig und karg, dass er die Eroberer nicht interessierte. Selbst heute noch wird Mayo, das ärmste County der Provinz Connacht, häufig nur zusammen mit einer Bitte um Gottes Gnade genannt. „Mayo – so help me god", heißt es, auch wenn sich die Zeiten politisch und wirtschaftlich stark gewandelt haben. Mehr als anderswo wird der Reisende in den westlichen Grafschaften mit der gälischen Sprache konfrontiert, offiziell Irlands erste Amtssprache. In der Abgelegenheit des irischen Westens hat sich das kulturelle Erbe länger bewahrt.

DER WELT ERSTER BOYKOTT

Captain Boycott, ehemals Kolonialoffizier und dann britischer Gutsverwalter im irischen County Mayo, machte sich bereits in seinem ersten Arbeitsjahr für den Earl of Earn unbeliebt. Trotz kärglicher Ernten blieb er hart. Der hohe Pachtzins sollte gezahlt werden. Die Pächter weigerten sich schließlich, für ihn zu arbeiten. Boycott ließ nun die Ernte unter Militärschutz mit protestantischen Arbeitslosen aus Ulster einbringen. Koordiniert von der irischen Landliga Charles Parnells kündigten daraufhin alle Pächter, Landarbeiter, regionalen Händler und sogar die Postbeschäftigten und Hausangestellten die Mitarbeit auf. Boycott war gescheitert und musste das Land verlassen. Als eine Zeitung aus Dublin über die Ereignisse berichtete und von „boycotting" schrieb, war ein neuer Begriff für die organisierte Weigerung, mit einer geächteten Person oder Institution Geschäfte zu tätigen, geboren.

EINSAM MIT MOOREN UND STEINEN

Wer entlang der Küste über die steinzeitliche Ausgrabungsstätte von Céide Fields Achill Island zustrebt, der durchquert ein fast menschenleeres, 500 Quadratkilometer großes Gebiet, in dem sich Felsen und Berge mit schier endlosen Moorlandschaften abwechseln.

Auch in dem südlich anschließenden County Galway besteht ein Drittel des Landes aus Mooren. Dort wachsen Sumpfgras, die Verbrennungen lindernde Sumpfbohne und die aromatische Heidemyrte, man kann Libellen durch die Luft flirren sehen, und der ruhelose Steinschmätzer, ein Sumpfvogel, ist auf der anscheinend niemals endenden Jagd nach Fliegen.

Typisch für das karge Connemara sind ständig wechselnde Lichtstimmungen.

Seriosität mit Auszeichnung signalisieren die Preisrichter auf Clifdens Pony Show.

Die Bucht von Keel auf Achill Island ist beliebt bei Surfern.

Wo es nicht als einzigartiger Lebensraum unter Naturschutz steht, wird das Moor wie schon seit mehreren 100 Jahren kommerziell ausgebeutet. „Peat cutting", Torf stechen, bedeutet Entwässerungsgräben durch die feuchten Moore ziehen, dann Torfstücke mit einem speziellen Spaten, dem „Slane", aus dem Boden stechen – heute auch zusätzlich mit modernen Maschinen –, zu kleinen Haufen türmen und trocknen lassen. Er wird entweder gepresst und wie Briketts zum Heizen der Öfen genutzt oder geht als Dünger in die Landwirtschaft. Schließlich ist Torf mit in Jahrtausenden zersetzten Ablagerungen von Sträuchern, Gräsern, Sumpfmoosen und anderen organischen Stoffen äußerst nährstoffreich.

Eine ganz eigene, steinerne Welt erwartet die Besucher auch auf den drei Aran Islands: endlose Reihen zu Begrenzungswällen aufgeschichteter Steine entlang der Felder, graue Steinplatten auf den Friedhöfen, die vom harten Leben der nun Verstorbenen erzählen, und geheimnisvolle prähistorische Ringforts. Bis heute ist nicht klar, warum die Bewohner die massiven Verteidigungsmauern auftürmten, gegen wen sie sich und was sie mit ihnen schützen wollten.

WARUM LYNCHJUSTIZ?

Über die Herkunft des Wortes „lynchen" gibt es gleich mehrere Theorien. Eine davon führt zu James Lynch, dem Bürgermeister von Galway. Er soll im Jahr 1493 seinen wegen Mordes überführten Sohn eigenhändig am Fensterkreuz gehenkt haben.

Auch wenn eine Plakette am „Lynch's Castle" auf dieses Ereignis verweist, so könnten doch auch William Lynch aus Virginia oder James Lynch aus North Carolina in Nordamerika für den Begriff „Lynchjustiz" verantwortlich sein. Beide versuchten rigoros, eine zivile Ordnung in ihren Regionen durchzusetzen. „Lynchen" hieß zunächst nur bestrafen und wurde erst später mit Töten ohne Gerichtsverhandlung gleichgesetzt.

Auf der Pony Show in Clifden kann es nicht wild genug zugehen.

Mit dem traditionellen Curragh ging man auf den Aran Islands lange zum Angeln und zum Fischen.

Stricken ist auf den Aran Islands immer noch eine beliebte Beschäftigung.

Die Klippen der Aran Islands sind tückisch – das musste auch dieser Frachter 1960 erfahren.

Special DIE IRISCHE SPRACHE

Gälisch und Gaeltacht

Straßenschilder zeigen oft die irische und die englische Bezeichnung.

Zur gälischen Sprachfamilie keltischer Sprachen gehören neben dem Irischen auch Schottisch, Walisisch und Bretonisch. Gälisch gilt in Irland neben Englisch als gleichberechtigte Landessprache, als tägliche Umgangssprache wird es nur noch in kleinen Gebieten, der „Gaeltacht", verwendet (Countys Kerry, Galway, Mayo und Donegal). Das Irische, staatlich gefördert, gehört zum Pflichtprogramm an den Schulen, im Radio und Fernsehen werden Sendungen in Gälisch ausgestrahlt. Von den knapp 92000 Bewohnern der „Gaeltacht" gehören etwa zwei Drittel zu den Gaeilgeóirí, für die Gälisch Muttersprache ist. Auch wenn der Anteil Gälisch Sprechender gering ist, hat das Interesse an der keltischen Sprache zugenommen. Im Zensus von 2006 gaben 42 % der Bevölkerung an, zumindest etwas Gälisch sprechen zu können.

BERGE, MEER UND POESIE

Zwischen Donegal im Norden und Mayo schiebt sich das County Sligo, das „Land der Herzenssehnsucht" des Poeten William Butler Yeats. Der nahe Dublin geborene, aber hier beheimatete Dichter und Literaturnobelpreisträger hat die Mythen und Landschaften zwischen den Ox Mountains im Westen, dem massiven Tafelberg Benbulben im Norden, dem Lough Gill und dem Meer eingefangen und damit die Menschen bewegt. Es kann passieren, dass der Wirt eines Pubs oder die Gastgeberin der Bed-&-Breakfast-Herberge ihren Lieblingsvers von Yeats zitiert, der ihm oder ihr besonders aus dem Herzen spricht.

Auf dem Friedhof von Drumcliff, am Fuß des Benbulben, liegt Yeats begraben. Seine Grabplatte trägt die Worte: „Cast a cold eye / on life, on death. Horseman, pass by!", „Wirf einen kalten Blick, oh Reiter, auf das Leben, auf den Tod – und dann zieh weiter!" Eine mit Feder im Tintenfass ausgeschilderte Rundstrecke führt durch das „Yeats Country" zu Orten, die mit seinem Leben und Werk eng verbunden sind.

Maßstab 1:800.000
0
10km
01
02
03
04
05
06
07
Malin Head
Inishowen Peninsula
Fanad Peninsula
Tory Island
Toraigh
Horn Head
Arranmore Island
Árainn Mhór
Letterkenny
Letteir Ceanainn
Derry
Northern Ireland
Gweebarra Bay
Donegal Bay
Donegal
Dun na nGall
Stack Mountains
Slieve League
Killybegs
Mountcharles
Bundoran
Ballyshannon
Sligo
Sligeach
Sligo Bay
Drumcliffe
Strandhill
Creevykeel
Inishmurray
Ballymote
Boyle
Boyle Abbey
Carrick-on-Shannon
Cara Droma Ruisc
Downpatrick Head
Céide Fields
Killala
Killala Bay
Ballina
Béal an Átha
Crossmolina
Lough Conn
Ox Mountains
Slieve Gamph
Mullet Peninsula
Belmullet
Béal an Mhuirthead
Achill Island
Achill Head
Cliff Scenery
Nephin Beg Range
Nephin
Newport
Westport
Clew Bay
Clare Island
Croagh Patrick
Murrisk Abbey
Castlebar
Caisleán an Bharraigh
Swinford
Knock
Claremorris
Ballyhaunis
Castlerea
Roscommon
Athlone
Baile Átha Luain
Inishturk
Inishbofin
Doo Lough Valley
Kylemore Abbey
Connemara
Connemara National Park
The Twelve Pins
Clifden
Mannin Bay
Cong
Cong Abbey
Lough Mask
Lough Corrib
Ross Abbey
Tuam
Galway
Gaillimh
Galway Bay
Oranmore
Athenry
Ballinasloe
Béal Átha na Sluaighe
Clonmacnoise
Shannonbridge
Kinvarra
Ballyvaughan
Aillwee Cave
Poulnabrone
Black Head
Doolin
Lisdoonvarna
Burren
Inis Mór
Inishmore
Inis Meáin
Inis Oírr
Oileain Árann
Aran Islands
Dún Aonghasa
North Sound
South Sound
Slieve Aughty Mountains
Thoor Ballylee
Gort
Portumna
Loughrea

Ursprüngliche Schönheit

Als lieblich kann man den Westen Irlands nicht bezeichnen, vielleicht ist er gerade deswegen inzwischen bei Urlaubern so beliebt. Insbesondere Naturfreunde kommen beim Wandern oder Fahrradfahren auf ihre Kosten. Vor der Atlantikküste zeigen Achill Island und die Araninseln ihre wilde Schönheit. Die gälische Sprache und Kultur haben in der Region noch feste Wurzeln.

01 DONEGAL

Der gälische Name „Dún na nGall" der Bezirksstadt mit dem rautenförmigen Marktplatz The Diamond bedeutet so viel wie „Festung der Fremden". Er erinnert an die Gründung eines Handelsstützpunkts im 9. Jh. durch Wikinger.

Sehenswert

Zerstörungen und mehrere Restaurierungen lassen die eindrucksvolle Ruine des **Donegal Castle** heute in einem englisch-jakobinischen Stil des 17. Jh.s erscheinen (April–Mitte Sept. Mo.–Sa. 10.00–18.00, sonst Do–Mo 9.30–16.30 Uhr). Von der von Franziskanern im 15. Jh. errichteten **Donegal Abbey** an der Mündung des Eske River in die Bay ist weniger erhalten. Hier hatten die „Vier Meister" bis 1636 ihr Geschichtswerk („Annals") über Irland zusammengestellt; ein Obelisk auf dem Diamond ehrt die vier Mönche noch heute.

Veranstaltungen

Das **Earagail Arts Festival** bietet im Juni und Juli in Nord-Donegal irische und internationale Kultur (Tel. 074 9 12 07 77, www.eaf.ie).

Restaurant & Unterkunft

Harvey's Point ist eine komfortable Ferienanlage direkt am See, gute Biogerichte (Tel. 074 72 22 08, www.harveyspoint.com; DZ ab 140 €).

Tipp

Handgewebter Tweed

Bei **Magee of Donegal** gibt es noch den handgewebten Tweed, kräftig und robust, mit leicht noppiger Oberflächenstruktur. Traditionell wird die höchst widerstandsfähige und wasserabweisende Wolle für Jacketts und Kappen verarbeitet.
Magee (The Diamond, Donegal, Tel. 074 9 72 26 60) und eine Handvoll anderer Produzenten aus Donegal entwerfen inzwischen Damen- und Herrenkleidung für alle Anlässe mit modernen Farben und schicken Designs.

Einkaufen

Im **Craft Village** präsentieren Kunsthandwerker vom Steinmetz bis zur Weberin ihre Produkte; ein Café bietet Getränke und Snacks (Straße nach Ballyshannon, Tel. 074 9 72 22 25).

Umgebung

Letterkenny (52 km nördl.) an der Meeresbucht Lough Swilly hat sich vom Fischerdörfchen zur größten Stadt im County gemausert; das Donegal County Museum dokumentiert die Geschichte des Nordwestens von Irland, von der Steinzeit bis ins 21. Jh. (High Road; Mo.–Fr. 10.00–16.30, Sa. 13.00–16.30 Uhr, So. geschl.). Mehrere Wege führen auf die 601 m hohen Klippen von **Slieve League** (50 km westl.), die höchsten Europas. Etwas weiter nördl. liegt **Glencolumbkille,** ein Küstenörtchen, in dem ein kleines Museumsdorf einen anschaulichen Eindruck vom harten Leben im 19. Jh. vermittelt (www.glenfolkvillage.com; Ostersamstag bis Sept. Mo.–Sa. 10.00–18.00, So. ab 12.00 Uhr).

Information

Tourist Information Office, The Quay, Donegal, Co. Donegal, Tel. 074 9 72 11 48, www.donegal.ie

02 SLIGO

Die geschäftige Marktstadt am Garavogue River wurde im 9. Jh. von den Wikingern gebrandschatzt und im 13. Jh. von den Normannen erobert. Theater wie das Hawk's Well und das Blue Raincoat Theatre, Kunstgalerien und das Yeats Memorial Building unterstreichen den kulturellen Anspruch im „Yeats Country".

Veranstaltungen

Im **Yeats Memorial Building,** dem Literaturnobelpreisträger William Butler Yeats (1865 bis 1939) gewidmet, findet alljährlich die „Yeats International Summer School" mit Veranstaltungen statt (Douglas Hyde Bridge).

Museen

Das **County Museum, Gallery and Library** zeigt die Geschichte der Region, besonders interessant ist die Ausstellung zur Yeats-Familie mit Dokumenten, Bildern und Büchern (Stephen Street; Mai–Sept. Di.–Sa. 9.30–12.30 und 14.00–16.30, Okt.–April Di.–Sa. nur 9.30–12.30 Uhr). Die **Model Arts and Niland Gallery** gehört zu den interessantesten Kunstzentren Irlands mit Ausstellungen, Workshops und Projekten in vielen Bereichen; bemerkenswert sind die Werke irischer Künstler des 20. Jh.s, darunter auch Bilder von Jack B., dem Bruder von W. B. Yeats (The Mall, www.themodel.ie; Mi.–Sa. 11.00–17.30, So. ab 12.00 Uhr).

Beim Earagail Arts Festival in Ballyshannon

Restaurant

Das beliebte **Davis' Restaurant & the Yeats Tavern** serviert traditionelle Gerichte im modernen Ambiente (Drumcliff, Drumcliff Bridge, Tel. 071 9 16 31 17; 12–25 €).

Unterkunft

Eine nette Herberge ist **Pearse Lodge B & B** in Sligo Town (Pearse Road, Tel. 071 9 16 10 90, www.pearselodge.com; DZ ab 76 €).

Umgebung

Auf dem Kirchhof von **Drumcliff** (8 km nördl.) hat der Dichter W. B. Yeats seine letzte Ruhestätte gefunden. **Carrowmore** (5 km südw.) umfasst 60 Steinkreise und Ganggräber, einige über 7000 Jahre alt; es gehört damit zu den größten Megalithgrabfeldern in Europa (Visitor Centre, 21. April–Sept. tgl. 10.00–18.00 Uhr). **Ballina,** Fischereihafen und größte Stadt des County Mayo (60 km westl.), ist ein guter Ausgangspunkt für die Erkundung von Küste und Hochmooren im Westen. Angler schätzen den Lachsbestand im River Moy, der hier mündet. Bei der spektakulären Steilküste von **Ballycastle** (27 km weiter westl.) reicht die Moorlandschaft von Mayo auf dem Festland fast an die Abbruchkante. Das **Céide Fields Interpretive Centre** schaut nur mit der Spitze aus der Landschaft hervor; es gibt einen guten Überblick über die Kultur der Steinzeitmenschen von vor ca. 5000 Jahren (April, Mai, Okt. tgl. 10.00–17.00, Juni–Sept. tgl. 9.30–18.00 Uhr).

Information

Sligo Tourism, Bank Building (Erdgeschoss), O'Connell St., Sligo, Co. Sligo, Tel. 071 9 16 12 01, www.sligotourism.ie

Infos

03 ACHILL ISLAND

Vom 671 m hohen Slievemore Mountain genießen Wanderer einen herrlichen Blick über die Insel am westlichen Rand Europas, auf breite, menschenleere Strände, zu Fischerorten und weit bis zu dem mit einer Brücke verbundenen Festland. Heinrich Bölls früheres Ferienhaus ist inzwischen Teil einer Stiftung, die sich im deutsch-irischen Kulturaustausch engagiert.

Aktivitäten
Die ausgeschilderte Rundstraße **Atlantic Drive** führt fast 100 km meist entlang der dramatischen Küstenlinie rund um die Insel. Bei Keel Bay, ganz im Westen, lassen sich mit etwas Glück Delfine und Wale beobachten. Herrliche **Wanderwege** überziehen die Insel; 14 sind in einer Broschüre beschrieben (Buchhandel oder Achill Tourism). In der Bucht von Keel Beach warten im Sommerhalbjahr **Surfer** (in Neoprenanzügen) auf die großen Wellen.

Veranstaltungen
Das **Achill Yawl Sailing Festival** Mitte Juli bis Mitte August ist die Regattasaison traditioneller Segeljollen (http://www.achilltourism.com). Die **Achill Summer School** bietet tgl. Veranstaltungen, Dichterlesungen sowie Konzerte (Juli/Aug., Infos unter: www.achilltourism.com).

Restaurant
Im **Gielty's Clew Bay**, dem westlichsten Pub Irlands, treten regelmäßig traditionelle Musikgruppen aus allen Teilen Irlands auf (Dooagh, Tel. 098 4 31 19, www.gieltys.com).

Unterkunft
Achill Isle House, nette Herberge mit Blick auf Keel Beach (Newtown, Keel, Tel. 098 4 33 55, www.achillislehouse.com; DZ ab 80 €).

Information
Achill Island Tourism, Davitt Quarter, Achill Sound, Co. Mayo, Tel. 098 2 07 05, www.achilltourism.com

04 WESTPORT

Mit der reizvollen Lage an der Clew Bay mit der vorgelagerten Insel Clare und dem geheimnisvollen Berg Croagh Patrick können nur wenige irische Städte mithalten.

Sehenswert
Westport House, Mitte des 18. Jh.s erbaute ehem. Residenz des Marquis von Sligo und dekorativ am See und in einer Gartenlandschaft gelegen, lässt sich mit einer Führung besichtigen (Westport Quay; www.westporthouse.ie;

Yeats-Skulptur in Sligo

Juni–Aug. tgl. 10.00–18.00 Uhr, März–Okt. 10.00–16.00 Uhr, so auch Nov./Dez. Sa./So.).

Aktivitäten
Das **Atlantic Adventure Centre** in Lecanvey bei Westport veranstaltet See-Kajak-Trips für Kinder und Erwachsene (Tel. 098 6 48 06).

Restaurant
Den Speisezettel im **Tavern Bar & Restaurant** bestimmt das Meer (Murrisk, Tel. 098 6 40 60; 11–15 €).

Unterkunft
Vom luxuriösen **Knockranny House Hotel & Spa** können die Gäste den atemberaubenden Blick auf die Clew Bay und den Croagh Patrick genießen (www.knockrannyhousehotel.ie).

Information
Tourist Office, The Mall/James Street, Westport, Co. Mayo, Tel. 098 2 57 11, www.westporttourism.com

05 CLIFDEN

Der Hauptort Connemaras, gegründet 1812, ist für irische Verhältnisse noch sehr jung. Er wird im Osten durch die Twelve Pins und nach Süden durch die Moorlandschaft Roundstone Bog begrenzt.

Sehenswert
Die 11 km lange **Sky Road** führt in einem Rundkurs am Atlantik entlang und zu den Ruinen von Clifden Castle von 1815.

Restaurant
O'Grady's on the Pier bereitet beste traditionelle und innovative Fischgerichte zu (Seapoint, Barna, Co. Galway, Tel. 091 59 22 23, www.ogradysonthepier.com; 17–25 €).

Unterkunft
Die **Clifden Bay Lodge** bietet eine fantastische Aussicht und ordentliche Zimmer (Sky Road, Tel. 0353 95 21 7 95, www.clifdenbaylodge.com; DZ ab 70 €).

Einkaufen
Bekannt sind die **Bodhráns,** kleine Ziegenfell-Tambourine mit keltischen Symbolen, die im Roundstone Music & Craft hergestellt und verkauft werden (Abzweig von der N59, südl. Clifden, Tel. 095 3 58 08).

Umgebung
Connemara ▶TOPZIEL, die wildromantische Bergwelt östl. Clifdens, wird auf 2000 ha als Nationalpark geschützt. Die abwechslungsreichen Landschaften (Maamturk Mountains), Sümpfe, Täler (Lough Inagh oder Glanmore Valley) und dazu Seen (Kylemore Lake) machen den Reiz der Region aus. Die 1868 in neugotischem Stil erbaute **Kylemore Abbey** am Ufer des Kylemore Lake wirkt wie ein verwunschenes Schloss (www.heritageisland.com; stark wechselnde Öffnungszeiten).

Information
Clifden Tourist Information Office, Galway Road, Clifden, Co. Galway, Tel. 095 2 11 63, www.clifdenchamber.ie

06 GALWAY

Die Hafenstadt an der Westküste hatte schon immer weitreichende Interessen. Handelsschiffe hielten im 16. und 17. Jh. Verbindungen mit Häfen in Spanien und Portugal. Der wirtschaftliche Aufschwung Irlands im 21. Jh. hat auch Galway einbezogen. Die rege Stadt gehört zum „Gaeltacht"-Gebiet, an der Universität gibt es Vorlesungen in Englisch und Gälisch.

Sehenswert
In der 1320 erbauten **St Nicolas Church** (Lombard Street) soll Christoph Columbus 1477 bei einem Besuch Galways gebetet haben; eine Führung So. früh erläutert den Bau. An einem Fensterkreuz der Patriziervilla **Lynch's Castle** (Abbeygate Street/Shop Street) soll James Lynch im 15. Jh. seinen Sohn gehenkt haben – der erste Fall von Lynchjustiz. Das **City Museum** dokumentiert die Geschichte der Stadt (Spanish Parade, www.galwaycitymuseum.ie; Juni–Sept. Di.–Sa. 10.00–17.00 Uhr).

Veranstaltungen

Zur **Heritage Week** in der 2. Aug.-Hälfte werden in einer Woche etwa 400 Veranstaltungen und Aktionen zum kulturellen und Naturreichtum in diversen Orten des Galway County organisiert (www.heritageweek.ie).

Das **Galway Oyster Festival** feiert die frisch geernteten Austern aus der Bay Ende Sept. mit Veranstaltungen, Wettbewerben und Gerichten (www.galwayoysterfest.com).

Restaurant

Im **Restaurant Marconi** im Foyles Hotel gibt es Fischgerichte und Lamm sowie eine gute Weinauswahl (Main St., Tel. 095 2 18 01; 15–20 €).

Unterkunft

Jury's Inn ist ein modernes City-Hotel (Quay Street, Tel. 0 91 56 64 44, www.jurysinn.com; DZ 70–150 €).

Information

Tourist Information,
Forster Street, Galway, Co. Galway,
Tel. 091 53 77 00,
www.galwaytourism.ie

07 ARAN ISLANDS

Die drei abgeschiedenen Inseln vor der Westküste bilden eine Welt für sich. Die von Eiszeitgletschern glatt geschliffene Oberfläche ähnelt der Landschaft Burren auf dem Festland. Fähren von Galway, Doolin und Rossaveal verbinden die Inseln mit dem Festland, Flugzeuge starten regelmäßig von Inverin zum Inselflug.

Sehenswert

Auf Innishmore, der größten Insel, beeindrucken die Überreste des Forts **Dún Aenghus** aus der Eisenzeit direkt am Klippenrand zum Ozean (Tel. 099 6 10 08). Auf der mittleren Insel, Innishmaan, erinnern Dolmen und Überreste prähistorischer Siedlungen und Steinforts, wie **Dún Conor,** an lange zurückliegende Kulturen. Die einsame Insel Inisheer hat immer wieder Dichter und Maler angezogen; von den für das 4. Jh. überlieferten Mönchsbehausungen sind keine Spuren mehr erhalten.

Unterkunft:

Kilmurvey House ist ein angenehmes Guesthouse mit Restaurant für Hausgäste bei Dún Aenghus (Innishmore, Tel. 099 6 12 18, www.kilmurveyhouse.com; DZ 80–100 €).

Information

Tourist Information, Kilronan, Inis Mór,
Tel. 0996 12 63,
www.aranislands.ie

Croagh Patrick – Wandern auf den heiligen Berg

Patrick aus Tralee stehen die Schweißperlen auf der Stirn, auch ohne dass die Sonne vom Himmel brennt. Der 78-jährige Farmer ist mit seiner Tochter unterwegs. Ziel ist der Croagh Patrick, Irlands heiliger Berg, den jedes Jahr Tausende Pilger erklimmen.

Eine ganz normale Wanderung ist es nicht gerade: Zwei Stunden lang steigt man recht steil bergauf und der Weg führt teilweise über Schotter. Scheint die Sonne, gibt es keinen Schatten, bei Regen hilft kein Unterstand, nur ein mitgebrachtes Cape. Und beim Abstieg gilt es besonders aufzupassen, um nicht ins Rutschen oder Stolpern zu geraten.

Doch Bergwandern kann erhebend sein. In doppeltem Sinne gilt dies bei einem heiligen Berg. Und so finden sich allein am „Reek Sunday“, dem letzten Sonntag im Juli, rund 25 000 Pilger ein, um den Croagh Patrick an der Westküste Irlands zu erklimmen – einige sogar mit bloßen Füßen. Der heilige Patrick soll den Gipfel im

Jetzt ist der Gipfel nicht mehr weit.

Sogar barfuß sind einige unterwegs.

Jahr 441 bestiegen haben, um dort 40 Tage lang zu fasten und zu meditieren. Als er danach seine Silberglocke den 764 m hohen Kegelberg hinunterstieß, haben sich alle Schlangen Irlands in den Tod gestürzt – so die Sage.

Alle Altersstufen sind unter den Wanderern vertreten, die meisten kommen aus Irland, andere aus den USA und diversen Ländern Europas. Fliegende Händler verkaufen am Wegesrand Wanderstöcke für zwei und drei Euro, einige religiöse Gruppen verteilen kostenlos Bibeln. Bei klarem Wetter bietet sich von der Kapelle am Gipfel ein herrlicher Blick übers Land, die Inseln in der Clew Bay und den Atlantik.

WEITERE INFORMATIONEN

Visitor Centre in Murrisk direkt am Wanderweg
www.croagh-patrick.com

Aufbruchstimmung im Norden

Wer durch die anmutigen Täler der Glens of Antrim fährt oder die spektakuläre Küste des Giant's Causeway erwandert, wer auf der mittelalterlichen Stadtmauer von Derry einen Spaziergang unternimmt oder beim Schaufensterbummel in Belfast in einem schicken Café einkehrt, der mag nicht glauben, dass dies der Landstrich ist, über den lange nur von gewalttätigen Demonstrationen, Bombenanschlägen und Militäraufmärschen berichtet wurde. Nicht alle Widersprüche sind beseitigt, doch das Tor zum friedlichen Zusammenleben ist wieder offen.

Marmor, Wandgemälde und Skulpturen: Die Eingangshalle der City Hall in Belfast zeugt vom Wohlstand der Stadt.

Ganz oben links: Carrick-a-rede Rope Bridge, nur etwas für Schwindelfreie. Rechts oben und unten: Irische Geschichte zum Nacherleben im Freilichtmuseum Ulster American Folk Park in Omagh. Oben links: Steinkreise von Beaghmore. Mittelalterliche Traditionen in Carrickfergus Castle bei Belfast.

Land der sagenumwobenen Burgen: Dunluce Castle beim Giant's Causeway

Spektakuläre Landschaften fordern Legenden über Riesen, Götter und Elfen geradezu heraus.

Finn MacCool, der legendäre Hüne, wollte beweisen, dass er der Stärkste ist, und forderte seinen Rivalen Benandonner aus Schottland zum Zweikampf heraus. Da Boote zu schwach waren, die mächtigen Mannsbilder überzusetzen, baute er eine Brücke aus Felsbrocken durchs Meer, von der nordirischen zur schottischen Küste. Als der riesenhafte Schotte in Irland an Land ging, erschrak Finn MacCool, doch seine Frau Oonagh wusste Rat. Sie legte ihren Mann in eine Babywiege und lud Benandonner zum Tee. Als der den gewaltigen Finn als Baby im Bettchen sah, wollte er dessen Vater nicht mehr treffen, floh zurück nach Schottland und zerstörte die Steinbrücke hinter sich.

BEEINDRUCKENDE VIELFALT

Spektakuläre Landschaften, wie der als Teil des Welterbes von der Unesco geschützte Giant's Causeway mit seinen 40000 vulkanischen Basaltsäulen an der Küste von Antrim, fordern geradezu Legenden über Riesen, Götter und Elfen heraus, die die Folklore Irlands so reichhaltig bevölkern. Auch der Norden Irlands, die sechs zu Großbritannien gehörenden Grafschaften der Provinz Ulster, stehen den Naturszenerien und markanten Kulturzeugnissen des repu-

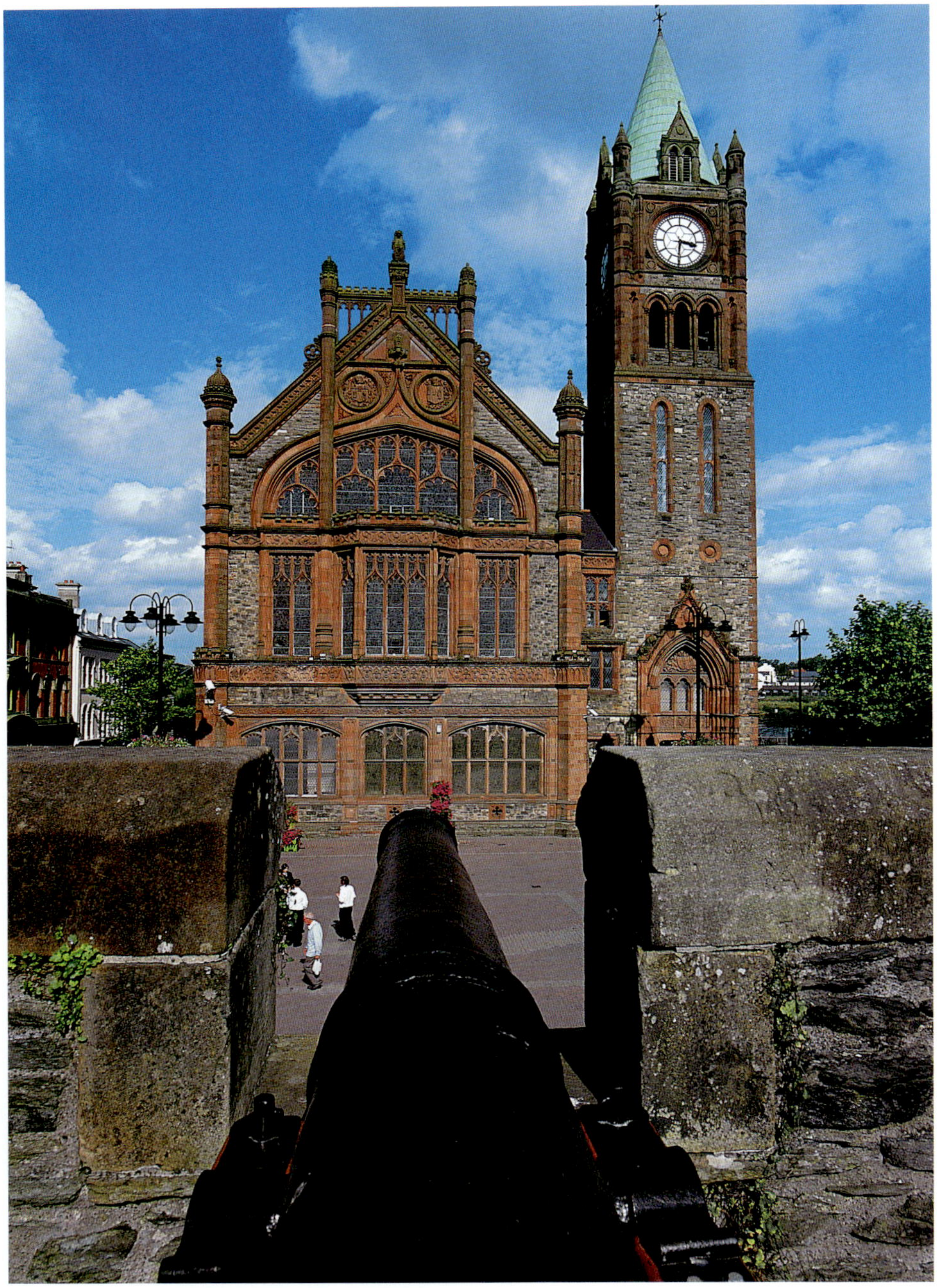

Derrys Stadtmauer zieht sich 1,5 Kilometer um die Altstadt, die Guildhall gleich außerhalb dient heute als Rathaus.

Wie Orgelpfeifen ragen die Basaltsäulen beim Giant's Causeway in die Höhe.

Mount Stewart House ist für seinen prächtigen Garten bekannt.

Schöne alte Fassaden bestimmen das Straßenbild in der Magazin Street in Derry.

blikanischen Irlands im Süden nicht nach: die zum Meer abfallende sanfte Berglandschaft der Mountains of Mourne im Osten, die anmutigen Täler der Glens of Antrim nördlich davon, daran anschließend die Küste des Giant's Causeway. Im Süden verspricht die Seenlandschaft am Erne River Wassersportlern und Freizeitkapitänen großes Vergnügen. Dazwischen bezaubern pittoreske Dörfer und Städte mit viktorianischer Architektur wie Belfast oder Portsteward, normannische Burgen wie Carrickfergus Castle, Herrenhäuser oder die erhaltene mittelalterliche Stadtmauer von Derry die Besucher.

Special WHISKEY

Das Wasser des Lebens

Die Iren legen großen Wert darauf, das „Wasser des Lebens", gälisch „Uisce Beatha", lange vor den Schotten destilliert zu haben. Schließlich gehört es zum irischen Leben – allen Hungersnöten und Abstinenzlerbewegungen zum Trotz. Erst nach dreimaligem Brennen darf es sich Whiskey nennen. Durch Mälzung gekeimte und getrocknete Gerste wird zu grobem Schrot gemahlen, mit heißem Wasser vermischt und mit Hefe zum Gären gebracht. Der „Wash" mit einem Alkoholgehalt von etwa 8 % wird dann in großen kupfernen Brennblasen destilliert. Reines Wasser bringt den Hochprozenter auf gewünschte Trinkstärke. In alten Portwein-, Bourbon- oder Sherryfässern reift die Flüssigkeit nun viele Jahre zu süßlich-nussigem Geschmack, bevor er als irischer Malt-Whiskey in Flaschen abgefüllt werden darf.

Der „Crown Liquor Saloon“ in Belfast wurde 1885 eröffnet; heute gehört er zum National Trust.

Im Zentrum von Belfast herrscht reger Betrieb.

Die mächtige, 1906 errichtete City Hall von Belfast – Wahrzeichen der Stadt

DIE URSPRÜNGE DER TROUBLES

Das Bild von der imposanten Mauer, die das alte Derry umschließt, gibt zugleich einen Hinweis auf die jahrhundertealten Hintergründe der noch immer anhaltenden politisch-religiösen Probleme Nordirlands. König Jakob I. von England hatte Anfang des 17. Jh.s erkannt, dass sich Irland allein militärisch auf Dauer nicht würde beherrschen lassen, und verteilte Land von vertriebenen Iren im Norden der Insel an neu angesiedelte protestantische Engländer und Schotten. Diese „Kolonialpolitik" traf im „Mutterland" auf breite Zustimmung und Unterstützung. So finanzierten die Zünfte der Stadt London gegen die Einräumung wirtschaftlicher Rechte zum Beispiel die bis 1618 errichtete Stadtmauer um die mittelalterliche Stadt, die fortan Londonderry hieß.

Doch auch die kulturelle Missachtung der Iren und sogar der anglonormannischen Oberschicht durch das nach der Lossagung von Rom anglikanisch geprägte England verbitterte die Inselbevölkerung. Oliver Cromwell, der Karl I., den Sohn Jakobs I., hatte absetzen und hinrichten lassen, erwies sich als noch grausamer. Zwischen 1649 und 1652 ließ er Angriffe auf protestantische Siedler und die Unterstützung irischer Katholiken für den hingerichteten englischen König blutig rächen. Englische „Plantations" setzten die Vertreibung irischer Landbesitzer fort. Die Mitglieder des protestantischen Oranierordens feiern noch heute die Siege britischer Truppen über Iren und Katholiken mit Paraden. Ihr Idol ist der englische König Wilhelm III. von Oranien, der 1690 im Battle of Boyne den abgesetzten katholischen König Jakob II. von England auf irischem Boden besiegte. Die katholischen Iren waren Untertanen zweiter Klasse, auch nachdem bei der Unabhängigkeit Irlands im Kompromissfrieden von 1920 sechs Grafschaften der Provinz Ulster mit einem hohen Anteil loyalistischer protestantischer Bevölkerung als Nordirland bei Großbritannien verblieben.

HOFFNUNG AUF EINEN ANDAUERNDEN FRIEDEN

Nordirlands schwieriger Weg zur Normalität

Die mehr als 30 Jahre lang andauernden bürgerkriegsähnlichen Zeiten liegen in Nordirland erst wenige Jahre zurück. Doch seitdem der Frieden zwischen Protestanten und Katholiken Hoffnung macht, mausert sich Belfast zu einer europäischen Boomtown.

In einem Referendum am 22.5.1998 stimmen in Nordirland 71 Prozent der Nordiren für ein Friedensabkommen (oben). Zeichen der „Troubles": Im protestantischen Viertel von Belfast wie hier in der Shankill Road sind Straßenkreuzungen in den Farben Großbritanniens (Blau, Weiß, Rot) angemalt (unten).

Vor dem Hotel „Europa" im Zentrum von Belfast stoppen „Black Cabs" und holen Touristen zu Stadtrundfahrten ab. Ausgemusterte Londoner Taxen kutschieren die Stadtbesucher zum Dock, in dem die „Titanic" gebaut wurde, zum Parlamentsgebäude „Stormont", aber auch in die von Protestanten bewohnte Shankill Road und das katholische Viertel um die Falls Road – vor nicht allzu langer Zeit Schauplatz erbitterter Auseinandersetzungen.

In Belfasts Innenstadt herrscht heute munteres Treiben, Boutiquen und Pubs können nicht über mangelnden Besuch klagen. Überall wird gebaut. Es scheint, als ob der seit einigen Jahren durchgesetzte Frieden plötzlich Schleusen für lange aufgestaute Investitionen in eine bessere Zukunft geöffnet hat. Dabei war auch das noble Hotel „Europa" in der jüngeren Vergangenheit mehr als zwei Dutzend Mal Ziel von Anschlägen, konnten Besucher die Innenstadt selbst zum Einkaufen nur nach Personenkontrollen betreten. Doch vorbei scheinen die Zeiten von Bombenexplosionen, nächtlichen Überfällen mit Dutzenden Toten, von provozierenden Aufmärschen, verbarrikadierten Polizeiwachen und sogar Kindergärten. Vorbei hoffentlich ja, aber sicherlich nicht vergessen. Die berühmten Wandgemälde im Westen von Belfast erzählen noch immer von den „Troubles" und von den 1981 nach einem Hungerstreik im britischen Gefängnis gestorbenen zehn „Märtyrern", dem Parlamentsabgeordneten Bobby Sands und neun weiteren Untergrundkämpfern der katholischen Sache. Und in der protestantischen Shankill Road sind sogar die Straßenlaternen und die

Im nordirischen Parlament in Belfast versuchen nun die ehemaligen Konfliktparteien zusammenzuarbeiten.

Kantsteine an den Straßen in den britischen Nationalfarben oder in Orange angemalt.

Dabei ist der erbitterte Kampf zwischen Katholiken und Protestanten der vergangenen Jahre nur oberflächlich betrachtet ein Glaubenskampf. Die eigentlichen Ursachen liegen tief in der Geschichte der „Grünen Insel" verborgen. Vor rund 400 Jahren wurden

Gedenkmauer in Westbelfast für Republikaner (katholische Befürworter für ein geeintes Irland), die von Loyalisten (protestantische Befürworter einer Union mit Großbritannien) ermordet worden sind – 10 Jahre nach dem Friedensvertrag.

britische Siedler aus England und Schottland überwiegend im Nordosten Irlands in der „Plantation of Ulster" angesiedelt, viele von ihnen auf konfisziertem Land, das zuvor einheimische Iren bewirtschaftet hatten. Die Neuankömmlinge gehörten der anglikanischen, die Vertriebenen der katholischen Kirche an. Nach der Unabhängigkeit von Irland blieb der Norden wegen des mehr als 50-prozentigen protestantischen Bevölkerungsanteils britisch. Die katholischen Iren dort sahen sich weit bis ins 20. Jh. beruflich benachteiligt, mit Behinderungen beim Erwerb von Land und auch bei Wahlen. Mitte der 1960er-Jahre formierten sich auf protestantischer und auf katholischer Seite paramilitärische Einheiten, beschleunigte sich der Strudel von Gewalt, bei dem bis 2001 über 3500 Menschen getötet wurden, über die Hälfte von ihnen Zivilisten. Lange gehörten der nordirischen Polizei, der Royal Ulster Constabulary, nur Protestanten an. Und auch die britische Armee, die mit bis zu 20000 Mann in der Unruheprovinz stationiert war, stand zumindest zu Teilen im Verdacht, nicht nur als Ordnungsmacht aufzutreten, sondern auch Partei zu sein. Erst Ende der 1990er-Jahre begannen die politischen Kontrahenten unter Beteilung Londons, Dublins und den USA zu Gesprächen zusammenzufinden, die tatsächlich zu einer Entwaffnung der politischen Untergrundarmeen und der Beteiligung der Katholiken an der politischen Macht in Nordirland führen sollten. Im Zuge des komplizierten Prozesses gaben katholische Gruppierungen ihr politisches Maximalziel eines Anschlusses an die Republik Irland auf. Aktuelle Zwischenfälle, evoziert durch protestantische Protestler, schüren die Angst vor einem Rückfall in alte Zeiten. Und auch die Bewältigung der blutigen Vergangenheit ist bei Weitem nicht abgeschlossen. Doch wer nach Belfast, Derry oder in andere Orte Nordirlands reist, stellt fest, dass die übergroße Mehrheit der Bevölkerung, egal welcher Glaubensrichtung, trotz vorhandener Dissonanzen vor allem eine Stabilisierung des Friedens wünscht. So sind auch in der Bogside von Derry die riesigen Wandgemälde erhalten, die frühere militärische Überfälle auf das katholische Viertel drastisch darstellen. Doch es sind ebenso wie in Belfast Bilder aus der Vergangenheit.

POLITISCHE NAIVITÄT UND GESELLSCHAFTLICHE REALITÄT

Wenn heute Touristen in Tourbussen und „Black Cabs" auch zu den einstigen Frontlinien der Auseinandersetzungen fahren und später die humorvollen Führer, die vielen bunten Eindrücke und die „tollen Wandbilder" loben, mag man dies als politische Naivität kritisieren. Doch es zeigt auch, wie weit sich die gesellschaftliche Realität inzwischen von den in der unmittelbaren Vergangenheit liegenden Auseinandersetzungen entfernt hat. Und das nährt zumindest die Hoffnung auf weitere friedliche Zeiten.

Eine Attraktion ist die Fahrt mit dem 60 m hohen Riesenrad in Belfast vor der City Hall; in Kommentaren wird das Panorama der Stadt erläutert.

Inishtrahull
Malin Head
Rathlin Island
Causeway Coast
Giant's Causeway
Dunluce Castle
Carrick-a-rede Rope Bridge
Mussenden Temple
Inishowen Peninsula
Fanad Peninsula
Lough Foyle
Lough Swilly
North Channel
Coleraine
Portstewart
Portrush
Ballymoney
Limavady
Derry
Letterkenny
Leitir Ceanainn
Strabane
Sperrin Mountains
Northern Ireland
Omagh
Ulster American Folk Park
Ballymena
Larne
Black Cave Tunnel
Island Magee
The Gobbins
Carrickfergus
Newtownabbey
Antrim
Lough Neagh
BELFAST
Bangor
Newtownards
Ards Peninsula
Lisburn
Lurgan
Craigavon
Portadown
Armagh
Navan Fort
Dungannon
Enniskillen
Castlecoole House
Upper Lough Erne
Monaghan
Muineachán
Newry
Mourne Mountains
Newcastle
Slieve Donard
Dundalk
Dún Dealgan
Dundalk Bay
Cavan
An Cabhán
Drogheda
Droichead Átha
Monasterboice
Mellifont Abbey
Newgrange Tumulus
Navan
An Uaimh
Trim
Baile Átha Troim
Hill of Tara
Mullingar
Longford
An Longfort
Campbeltown
Mull of Kintyre
Sanda Island
01
02
03
04
05
Maßstab 1:800.000
0
10km

Highlights im Norden

Lange Zeit waren die touristischen Attraktionen in Nordirland in Vergessenheit geraten. Das hat sich in den letzten Jahren geändert: Belfast wartet mit schick renovierten Stadtvierteln und angesagten Pubs auf, Derry besitzt die besterhaltene Stadtmauer auf der ganzen Insel. An der Küste locken lebhafte Badeorte und einsame Sandstrände, malerische Burgen und rätselhafte Basaltsäulen. Zu den sportlichen Vergnügungen zählen Reiten und Angeln, Wandern und Radfahren.

Belfasts Queen's University ist die renommierteste Universität in Nordirland.

01 BELFAST

Belfast hat sich vom Niedergang der Industrie und von den religiös-politischen Kämpfen der Vergangenheit erstaunlich gut erholt. Moderne Veranstaltungszentren und Shopping-Meilen, dazu hippe Restaurants und Bars harmonieren mit historischen Pubs und viktorianischer Architektur im Zentrum. Die „Troubles" sind nicht vergessen, aber die meisten der über 500 000 Einwohner der Hauptstadtregion freuen sich, dass ihre Stadt keine negativen Schlagzeilen produziert.

Sehenswert

Die 1906 im Renaissancestil aus Granitstein erbaute und von einer Kuppel gekrönte **City Hall** (Donegall Square) steht wuchtig im Mittelpunkt der Stadt, bewacht von einer Statue der Königin Victoria. Rund um das Rathaus und entlang von Donegal Place und Royal Avenue finden konsumfreudige Besucher eine riesige Auswahl an Geschäften. Unübersehbar lädt die auffällige Fassade des **Crown Liquor Saloon** ▶TOPZIEL (46 Great Victoria Street, s. u.) Durstige und Schaulustige ein. Schräg gegenüber bietet das 1895 eröffnete **Grand Opera House** (Great Victoria Road, Tel. 028 90 24 19 19) anderen Kulturgenuss, mit großen Künstlern aus Oper, Theater, Musicals, Tanz und Konzert. Die **Entries,** schmale Gassen zwischen der High und der Ann Street weiter nördlich, gelten als älteste Quartiere von Belfast. Kleiner Big Ben wird der 1867 in Erinnerung an Queen Victorias verstorbenen Gatten auf feuchtem Grund errichtete **Albert Memorial Clocktower** genannt, oder „leaning tower", denn er hat sich 120 cm aus der Vertikalen geneigt. Ein paar Schritte weiter, beim Lagan Weir Lookout am Donegall Quay, lassen sich die Flutsperre am Lagan River und die riesige Fischskulptur am Ufer bewundern, eines der vielen Exponate auf einem **Kunstpfad** durch das Viertel.

Vom Herrensitz **Belfast Castle** aus dem 19. Jh. und den dekorativen Gartenanlagen bietet sich ein herrlicher Blick über Stadt und Bucht (Antrim Road; Mo.–Sa. 9.00–22.00, So. 9.00 bis 17.30 Uhr). Der Bau der neoromanischen **Belfast Cathedral** dauerte von 1899 bis 1981 – gegenwärtig sammelt man noch für den fehlenden Glockenturm der protestantischen Kirche. Sehenswert sind die Deckenmosaiken (Donegall Street, www.belfastcathedral.org; Mo.–Sa. 8.00 bis 18.00, So. bis 16.00 Uhr). Auf dem früheren Gelände der noch aktiven Traditionswerft Harland & Wolff entsteht das **Titanic Quarter** mit Wohnungen, Gewerbe- und Freizeiteinrichtungen, darunter ist das Titanic Quarter Building. 2012 wurde hier das spektakuläre multimediale **Titanic Belfast Museum** eröffnet – genau dort, wo der Luxusliner vor 100 Jahren vom Stapel gelassen worden war (www.titanicbelfast.com; April–Sept. tgl. 9.00–19.00, Okt. bis März tgl. 10.00–17.00 Uhr). Das von einem ausgedehnten Park umgebene Schloss **Stormont,** 8 km östl. der Innenstadt, ist Sitz des Parlaments von Nordirland (Northern Ireland Assembly) und seiner Regierung. Wegen nicht enden wollender Streitigkeiten zwischen den Vertretern der Konfessionen wird Nordirland zeitweise von London aus regiert.

Museen

Schon 1828 wurden südl. von Belfasts Zentrum die **Botanic Gardens** eröffnet, zehn Jahre darauf der wunderbare Glaspalast für tropische Pflanzen (Stranmillis Road; Gewächshaus tgl. ab 7.30 Uhr, Schlusszeiten variieren). Gleich daneben liegt das **Ulster Museum** mit einer gut präsentierten Sammlung zur irischen Kultur; zu den bekannten Fundstücken gehören Schätze von der spanischen Galeone „Giroma", die 1588 vor der Küste sank (Stranmillis Road.; Di.–So. 10.00–17.00 Uhr).

W5 steht für „Whowhatwherewhenwhy", also für „Werwaswowannwarum"; im wissenschaftlichen Entdeckungszentrum **W5 & The Odyssey** am östlichen Flussufer können Besucher Laser zum Leuchten bringen oder Roboter zum Leben erwecken (Queen's Quay, www.w5online.co.uk; Mo.–Fr. 10.00–17.00, Sa. 10.00 bis 18.00, So. 12.00–18.00 Uhr). In der **Odyssey Arena** daneben können 10 000 Zuschauer Konzerte oder Eishockeyspiele verfolgen.

Aktivitäten

Lagan Boat Company (Donegall Quay, Tel. 028 90 24 01 24) veranstaltet **Hafenrundfahrten** und **Touren auf den Spuren der „Titanic".** Belfast Bike Tours (Tel. +44 78 12 11 42 35, www.belfastbiketours.com) verleiht **Fahrräder,** mit denen man die Stadt erkunden kann. Black Taxi Tour (Info beim Belfast Welcome Centre, Tel. 028 90 64 22 64) bietet (sichere) Touren zu den **Wandmalereien** in die protestantische Shankill Road und die katholische Falls Road.

Veranstaltungen

Belfast Film Festival Ende März/Anfang April (www.belfastfilmfestival.org) zeigt (nord)irische und internationale Filme und veranstaltet Workshops. **Belfast Festival at Queen's,** zwei Wochen im Okt. mit bestem internationalen Programm zu Musik, Tanz und Theater (www.belfastfestival.com).

Restaurants, Pubs & Cafés

Der **Crown Liquor Saloon** ▶TOPZIEL bietet zur Originaleinrichtung (19. Jh.) ein sahniges Guinness-Bier (46 Great Victoria Street, Tel. 028 90 24 31 87, www.crownbar.com).

Der Traditionspub **Morning Star** serviert irische Gerichte und leckere Desserts (17 Pottinger's Entry, Tel. 028 90 23 59 86; 8–20 €).

The John Hewitt, ein Lunchrestaurant und Musikpub mit Niveau, gibt seine Überschüsse

Infos

Auch in Belfast schätzt man Bushmills – eine der ältesten Whiskeymarken Irlands.

an eine Arbeitsloseninitiative (51 Donegall Street, Tel. 028 90 23 37 68; bis 10 €).
Im **Madden's** gibt es Fr.- und Sa.-Abend irische Musik (Berry Street, Tel. 028 90 24 41 14, www.maddensbar.com).

Unterkünfte

In der Edelherberge **Hastings Europa Hotel** stiegen schon gekrönte Häupter ab (Great Victoria Street, Tel. 028 90 27 10 66, www.hastingshotels.com; DZ über 150 €).
Ravenhill Guest House ist ein freundliches B & B, gut 2 km vom Zentrum entfernt (690 Ravenhill Road, Tel. 028 90 20 74 44, www.ravenhillhouse.com; DZ bis 90 €).

Umgebung

Carrickfergus Castle liegt am Nordufer des Belfast Lough; die normannische Burganlage (12. Jh.) kontrollierte einst den Zugang in die Bucht von Belfast (Marine Hwy.; April–Mitte Sept. tgl. 10.00–18.00, sonst bis 16.00 Uhr). Am Südufer des 400 km² großen **Lough Neagh** gibt es schöne Wanderwege. Das Discovery Centre erläutert ökologische und historische Zusammenhänge (www.discoverloughneagh.com).

Information

Welcome Centre, 47 Donegall Place, Belfast BT1 5AD, Tel. 028 90 24 66 09, www.visit-belfast.com

02 ARMAGH

Von seinem „Sweet Hill" aus christianisierte der hl. Patrick im 5. Jh. die Insel – der Ort war aber schon weit früher eine Kultstätte.

Sehenswert

Die zwei **Patricks-Kathedralen** zeigen ein aus dem 19. Jh. resultierendes neugotisches Äußeres, wobei die protestantische auf die vom heiligen Patrick im 5. Jh. gegründete Kirche zurückgeht.

Information

Tourist Information Centre, 40 English Street, Armagh, Co. Armagh BT61 7BA, Tel. 028 37 52 18 00, www.armagh.co.uk

03 ENNISKILLEN

Die Inselstadt zwischen dem Lower und dem Upper Lough Erne ist wegen der besonderen Lage sommerliches Touristenzentrum. In der Portora Royal School haben einst Oscar Wilde und Samuel Beckett die Schulbank gedrückt.

Sehenswert

Enniskillen Castle aus dem 15. Jh. beherbergt zwei Museen, das Fermanagh County Museum zur Geschichte der Region und das Inniskilling Regimental Museum, das Militärgeschichte der britischen Traditionseinheit präsentiert (www.enniskillencastle.co.uk; Mo., Sa., Juli/Aug. auch So. 14.00–17.00, Di.–Fr. 10.00–17.00 Uhr).

Restaurant

Das populäre **Franco's Restaurant** serviert Pizza und Pasta, aber auch Hummer und gebackenen Ziegenkäse (Queen Elizabeth Road, Tel. 028 66 32 44 24; bis 14 €).

Unterkunft

Killyhevlin Hotel, schön am See Erne gelegen, mit Wellnessabteilung und gutem Restaurant (Killyhevlin BT74 6RW, Tel. 028 66 32 34 81, www.killyhevlin.com; DZ 70–150 €).

Umgebung

Das Freilichtmuseum des „Ulster American Folk Park" in **Omagh,** 35 km nordöstl., informiert über die Geschichte der irischen Emigration in die USA (Mellon Road, Castledown, Omagh, www.nmni.com/uafp).

Information

Tourist Information Centre, Wellington Road, Enniskillen Fermanagh BT74 7EF, Co. Fermanagh, Tel. 028 66 32 31 10, www.enniskillen.com www.fermanaghlakelands.com

04 DERRY

Maiden City nennt man die Stadt, weil ihre mittelalterliche Stadtmauer nie von Angreifern gestürmt werden konnte. In den bürgerkriegsähnlichen Auseinandersetzungen des „Bloody Sunday", als britische Soldaten 13 katholische Demonstranten töteten, hat sie dennoch ihre Unschuld verloren. Seit der Teilung Irlands 1921 liegt die Hauptstadt des gleichnamigen County an der Grenze zur Republik Irland.

Sehenswert

Auf der **Stadtmauer** (17. Jh.) kann man die Altstadt umrunden; sie wurde zur Verteidigung der Kolonisten aus Großbritannien gebaut, die hier angesiedelt wurden. Derry hieß seither – und bis 1984 – offiziell Londonderry. Straßen führen durch die Stadttore zum Diamond-Platz. In der 1890 im neugotischem Stil erbauten **Guildhall** beim Shipquay Gate weisen Buntglasfenster Motive zur Stadtgeschichte auf (Mo.–Fr. 9.00–17.30, Sa./So. ab 10.00 Uhr). Die Fenster der protestantischen **St Columb's Cathedral** (London Street, www.stcolumbscathedral.org; Mo.–Sa. 9.00–17.00 Uhr) zeigen Szenen der Belagerung 1688/89.

Museen

Das **Tower Museum** präsentiert bestens aufbereitete Ausstellungen zur Stadtgeschichte

Tipp

Mal Seetang probieren?

Er kann roh gegessen werden, wie ein Gemüse etwa 15 Min. gekocht, zu einer Suppe verarbeitet oder mit Butter und Knoblauch knusprig gebraten. Die Rede ist von rotbraunem Seetang Dulse (Palmaria palmata), der an der Nordküste Irlands als Delikatesse geschätzt wird. Reich an Vitamin B6 und B12, Fluor und Eisen, bieten auch Bioläden die traditionelle Meerespflanze an. Auf Bauernmärkten und in einigen Restaurants kann man Dulse kaufen und bestellen.

(UnionHall Place; Okt.–Juni Di.–Sa. 10.00–17.00 Uhr, Juli–Sept. variierend). Künstler aus der katholischen Bogside haben die schrecklichen Ereignisse der 1970er-Jahre in großen **Wandbildern** dokumentiert; gegen Eintritt kann man ihre Bogside Artists Murals & Studio besichtigen (Unit 7, Meenan Square, www.bogside artists.com).

Restaurant

Brown's Restaurant bietet innovative Feinschmeckerküche mit irischer Note (1 Bonds Hill, Waterside, Tel. 028 71 34 51 80; Di.–Sa. geöffnet; 17–23 €).

Unterkunft

Ein solides Hotel ist das **Tower** (Butcher Street, www.towerhotelderry.com; DZ 90–120 €).

Information

Visitor and Convention Bureau,
44 Foyle Street, Derry/Londonderry BT48 6AT,
Tel. 028 71 26 72 84, www.derryvisitor.com

05 BALLYCASTLE

Beim Hafenstädtchen Ballycastle treffen Irische See und Atlantik aufeinander. Die Küste zwischen Larne bei Belfast und Portrush im Westen bietet spektakuläre Landschaften.

Restaurant & Unterkunft

The Coach House ist ein ausgezeichnetes Restaurant in der Traditionsherberge **Londonderry Arms Hotel** (20 Harbour Road, Carnlough BT44 0EU, Tel. 028 28 88 52 55, www.glensofantrim.com; DZ 70–150 €).

Umgebung

Bei Ballintoy fordert die **Carrick-a-rede Rope Bridge** (Öffnungszeiten tagesaktuell je nach Wetterlage) zur Mutprobe; eine wackelige Hängebrücke überspannt einen 25 m breiten Abgrund zwischen Küstenfelsen.
Eine vulkanische Eruption vor 55 Mio. Jahren hat das Naturwunder **Giant's Causeway** ▶TOP-ZIEL aus 40 000 fünfeckigen Basaltsäulen geschaffen. Von vielen sieht man nur die Oberfläche, andere ragen an der Küste wie Orgelpfeifen bis zu 12 m hoch auf (Visitor Centre, 44 Causeway Rd, Bushmills, Tel. 028 20 73 18 55).
In **Bushmills** wird seit mehr als 400 Jahren Whiskey destilliert, das „Wasser des Lebens" geht in alle Welt (www.bushmills.com; Führungen).

Information

Causeway Coast & Glens,
11 Lodge Road Coleraine BT52 1LU,
Ballycastle, Co. Antrim, Tel. 028 70 32 77 20,
www.causewaycoastandglens.com

DuMont Aktiv

Mit dem Fahrrad auf der Causeway Coastal Route

Irland ist mit seiner sanft hügeligen Landschaft und den spektakulären Felsenküsten wie geschaffen für Fahrradfahrer. Und der gelegentliche Regen lässt den Moment umso schöner erscheinen, wenn die Sonne wieder hinter den Wolken hervorschaut.

Die kurvenreiche Strecke von Belfast nach Derry lässt sich in vier Tagesetappen gut schaffen. Rund 220 km geht es meist direkt an der Küste Nordirlands entlang. Von der inzwischen wieder dynamischen Metropole Nordirlands fährt man nach Norden mit spektakulärem Blick auf die Bucht von Belfast. In Carrickfergus erwartet eine Normannenburg aus dem 12. Jh. die Radfahrer. Bei den Gobbins Cliffs auf Islandmagee nisten Tausende Seevögel. Die Route zieht sich zwischen Hügeln und Schluchten der Glens of Antrim und dem Meer nach Nordosten. Bei Ballycastle legt die Fähre nach Rathlin Island ab und fast jeder schaut sich die 24 m lange Carrick-a-rede-Hängebrücke zwischen zwei Felsen an. Der Besuch der ältesten Whiskey-Destille Bushmills lohnt einen kleinen Abstecher, aber um die Felsen des Giant's Causeway zu sehen, sollte man schnell wieder zur Küste streben. Gleich dahinter folgt das malerische Dunluce Castle. Nach einem einsamen Strandspaziergang bei Magilligan Beach ist bald das von einer mittelalterlichen Stadtmauer eingefasste Derry erreicht.

Nach Norden oder nach Süden?

Carrickfergus Castle

AUF EINEN BLICK

Umfassende Informationen mit genauen Beschreibungen einzelner Küstenabschnitte, Unterkunftsmöglichkeiten und Restaurantvorschlägen erhält man im Internet unter ***www.causewaycoastandglens.com.***
Fahrradverleih: Bikedock, 79–85 Ravenhill Road, Belfast, Tel. 028 90 73 06 00, www.bikedock.com

Service

ANREISE

Von deutschen **Flughäfen** starten Flugzeuge nach Dublin, Shannon, Cork, Kerry und Belfast. Elf **Fährlinien** verbinden Großbritannien und Frankreich mit den irischen Häfen Dublin, Dun Laoghare, Rosslareu und Belfast (www.irishferries.de).

AUTOFAHREN

Auf der Insel herrscht **Linksverkehr.** Die Republik Irland kennt vier verschiedene **Tempolimits:** in Ortschaften 50 km/h, auf regionalen Landstraßen 80 km/h, auf Nationalstraßen 100 km/h, auf Autobahnen (Motorways) 120 km/h; Nordirland drei Limits: in Ortschaften 30 mph (48 km/h), auf Landstraßen 60 mph (96 km/h), auf Autobahnen 70 mph (112 km/h). **Falschparken** kann, besonders in Dublin, teuer werden. Die Polizei ist mit Parkkrallen schnell bei der Hand oder lässt zügig abschleppen. In ländlichen Gebieten ist die **Ausschilderung** der Straßen oft dürftig, sichtbehindernde Mauern oder Hecken erfordern hohe Aufmerksamkeit.

AUSKUNFT

Irland Information, Gutleutstraße 32, 60329 Frankfurt, Tel. 0699231-850, www.ireland.com/de-de, erteilt Auskünfte (in Deutsch) über die Republik Irland und über das britische Nordirland. Die jeweiligen Hauptbüros auf der Insel für Republik Irland: Bord Failte Eireann, 14 Upper O'Connell Street, Dublin, Tel. 03531605 7700, www.discoverireland.ie. Für Nordirland: Belfast Welcome Centre, 47 Donegall Place, Belfast BT1 5AD, Tel. 02890246609, http://visit-belfast.com sowie www.discovernorthernireland.com.

Falschparkerkralle – entkommen unmöglich

Geschichte

um 7500 v. Chr. Jäger und Sammler wanderten über eine Landbrücke von Schottland ein.
ab 3000 v. Chr. Jungsteinzeitliche Kolonisten begannen Land zu bebauen und fassten es mit Steinwällen ein.
Um 500 v. Chr. Gälische Kelten wanderten ein und beherrschten die Insel.
432 Der hl. Patrick begann, Irland zu christianisieren. Wenig später zogen irische Mönche nach Mitteleuropa, um das Christentum zu verbreiten.
ab 795 Wikinger überfielen Küstenklöster. Sie gründeten Niederlassungen wie Dublin, Waterford und Limerick.
1014 Vom Hochkönig Brian Ború angeführte Iren schlugen die Wikinger in der Schlacht von Clontarf.
1169 Der nach England exilierte König von Leinster kehrte mithilfe eines Normannenheeres zurück. Der römische Papst Adrian IV. gab dem englischen König Heinrich II. Irland als Lehen.
1348 Die Pest wütete; ein Drittel der Bevölkerung starb.
1541 Heinrich VIII. festigte Englands Macht über Irland. Nach Abkehr von Rom war er Oberhaupt der neuen protestantisch-anglikanischen Nationalkirche. 400 Klöster wurden zerstört.
1607 Mitglieder des irischen Hochadels flüchteten von der Insel.
1649 Oliver Cromwell unterwarf Irland in einem blutigen Feldzug und ersetzte irische Grundbesitzer durch Briten.
1690 Der in England abgesetzte katholische König James II. unterlag Wilhelm von Oranien in der Schlacht von Boyne.
1695 Gesetze schränkten die Bürgerrechte für Iren drastisch ein.
1798 Die Rebellion der United Irishmen wurde niedergeschlagen.
1829 O'Connell zog als erster irischer Katholik ins britische Unterhaus ein („Katholikenemanzipation").
1845–1849 Missernten verursachten die „Große Hungersnot". Zahlreiche Aufstände wurden von den Briten niedergeschlagen.
1870 Die-Home-Rule-Bewegung erreichte Reformen. Irische Traditionen belebten sich.
1895 Gründung der Irish Socialist Republican Party. Bürgerliche Katholiken riefen 1905 die Partei Sinn Féin („Wir selbst") ins Leben. Protestantische Radikale im Norden gründen 1913 die paramilitärische Ulster Volunteer Force UVF, Katholiken die Irish Volunteers.
1916 Briten schlugen den Osteraufstand nieder, seine Anführer wurden hingerichtet. Die Sinn Féin besetzte zwei Jahre später 73 von 103 irischen Abgeordnetensitzen im britischen Unterhaus. Diese konstituierten ein irisches Parlament. Die Irish Republican Army – IRA nahm den Unabhängigkeitskampf gegen die britischen Truppen auf.
1921 Der anglo-irische Friedensvertrag regelte die Unabhängigkeit Irlands. Der Norden blieb britisch, bekämpft von Teilen der IRA. Bürgerkrieg zwischen Befürwortern und Gegnern des Kompromissfriedens bis 1923.
1932 Fianna Fáil („Soldaten des Schicksals") gewann die Wahlen, de Valera wurde Premierminister und blieb es für 16 Jahre.
1949 Die Republik Irland verließ das britische Commonwealth.
ab 1956 Die IRA kämpfte in Nordirland gegen Protestanten und die britische Armee.
1972 Blutiger Sonntag in Londonderry; die britische Armee erschoss 13 Demonstranten.
1973 Die Republik Irland trat der EG bei.
1976 Die Ulster-Friedensbewegung erhielt den Friedensnobelpreis.
1981 Bobbie Sands und neun weitere inhaftierte IRA-Mitglieder starben nach Hungerstreiks.
1987 Der Ire Steven Roche gewann den Giro d'Italia, die Tour de France und die Weltmeisterschaft der Radrennfahrer.
1991 Mary Robinson wurde als erste Frau Staatsoberhaupt Irlands.
1992 Nach Referenden wurden den Irinnen Schwangerschaftsabbrüche im Ausland und Ehescheidungen erlaubt.
1994 Bewegung im Friedensprozess.
1998 Die nordirischen Politiker Trimble und Hume erhielten den Friedensnobelpreis.
2002 Der Euro löste in der Republik das Irische Pfund ab.
2005 Die IRA zerstörte vor neutralen Beobachtern ihre Waffenkontingente. Umstellung auf das metrische System.
2007 Nach 38 Jahren beendete die britische Armee ihren Einsatz in Nordirland.
Seit 2008 Die weltweite Finanzkrise traf Irland mit seinen vielen Finanzdienstleistern, dem überhitzten Immobilienmarkt und hohem Staatsdefizit besonders hart.
2013 Unruhen im Norden, ausgelöst durch radikale protestantische Splittergruppen, können den Friedensprozess nicht aufhalten. – Zum Ende des Jahres verlässt Irland den Euro-Rettungsschirm.

Geruhsame Reise mit dem Pferdewagen

BAHN UND BUS

Öffentliche Verkehrsmittel führen auch in kleinere Ortschaften. **Bahnlinien** verbinden Dublin und Belfast mit größeren Orten: Republik Irland: Irish Rail, Tel. 1850 36 62 22 (innerhalb Irlands) oder +353 1 8 36 62 22 (von außerhalb Irlands), www.irishrail.ie; Nordirland: Northern Irish Railways, Tel. 028 90 66 66 30, www.translink.co.uk. Ein Netz von **Buslinien**, im Süden sehr dicht, erstreckt sich über die Insel: Republik Irland: Irish Bus/Bus Eireann, Tel. 01 8 36 61 11, www.buseireann.ie; Nordirland: Ulsterbus, Tel. 028 90 66 66 30, www.translink.co.uk/Ulsterbus. Emerald Cards/Irish Rover Tickets erlauben für einen Pauschalbetrag unbegrenztes Fahren für 3, 5 oder 15 Tage.

ESSEN UND TRINKEN

Die Zeiten sind vorbei, in denen Irland nur als das Land von „Potato and Pint", von Kartoffeln und Bier bekannt war. Ein **„Full Irish Breakfast"** mit Eiern, Toast, Pilzen, Tomaten, Blut- und Bratwurst, Scones, Butter und Marmelade könnte noch immer mühelos einen Torfstecher durch den Tag bringen. Im Norden kommt nicht selten **„Ulster Fry"** auf den Frühstückstisch, mit Potato Farls (Kartoffelpuffern), Sodabrot, Spiegeleiern und Schinken.
In ländlichen Restaurants wird gelegentlich noch ein traditioneller **Irish Stew** serviert, ein kräftiger Kohleintopf mit Kartoffeln, Karotten und Hammelfleisch. Eine wachsende Zahl von Restaurants bereitet auch **leichtere Gerichte** zu, mit frischen Zutaten, Lämmern aus den Wicklow Mountains oder Rindfleisch aus Tipperary, mit Galway-Austern oder Lachs aus der Irischen See. In Dublin, Belfast und der Region um Cork kommen auch Feinschmecker in Gourmetrestaurants auf ihre Kosten. Der Unterschied zum Festland: In Irland sind die Portionen größer.
Das **Bierangebot** in Irlands Pubs lässt kaum Wünsche offen. Neben dem allgegenwärtigen Guinness gibt es immer einige lokale „Brews", meist gezapft. Daneben hat in den Lokalen das **Weinangebot** zugenommen. Irischer **Whiskey** ist gut, aber teuer. In Destillen wie Bushmills in Nordirland oder Jameson in Dublin dürfen Besucher ein Probeschlückchen nehmen.
Wenn sie auf der Grünen Insel in einem Pub anstoßen, sagen die Iren nicht „Cheers", sondern irisch „Sláinte!".

FEIERTAGE

1. Jan. (Neujahr), 17. März (St Patrick's Day), Ostermontag (Easter Monday), 1. Mai–Mo. (Labour Day in der Republik Irland, Bank Holiday in Nordirland), 1. Juni-Mo. (Bank Holiday), 12. Juli Erinnerung an die Schlacht von Boyne (Orangeman's Day, nur Nordirland), 1. Aug.–Mo. (August Weekend, nur Republik Irland), Letzter Aug.–Mo. (August Bank Holiday, nur Nordirland), letzter Okt.–Mo. (Autumn Bank Holiday, nur Republik Irland), 25. und 26. Dez. (Christmas).

GELD

In der Republik Irland gilt der Euro. In Nordirland wird weiterhin mit dem britischen Pfund bezahlt. Geldautomaten sind weit verbreitet und ermöglichen Bargeldauszahlungen mit Visa, Mastercard und der Bankkarte.

GESUNDHEIT

Die medizinische Versorgung durch Ärzte und Apotheken (pharmacy) ist in Irland gewohnt gut. In Apotheken sind alle bekannten Medikamente erhältlich; für verschreibungspflichtige benötigt man ein Rezept (prescription), nicht verschreibungspflichtige Medikamente gibt es häufig in Drogerien (chemist). Die Europäische Krankenversicherungskarte EHIC, erhältlich bei der heimischen Krankenversicherung, gilt als Anspruchsnachweis. Erster Ansprechpartner im Krankheitsfall ist immer ein Vertragsarzt (doctor) bzw. -zahnarzt (dentist) des irischen Gesundheitsdienstes General Medical Service GMS („I would like to be treated under the Irish Health Sevice!"); sonst sind Voll- bzw. Zuzahlungen obligatorisch. Über Ansprechpartner bzw. Adressen in Irland informieren die deutschen Krankenkassen. Der Abschluss einer privaten Auslandskrankenversicherung ist ratsam; diese deckt nichterstattungsfähige Kosten und den Rücktransport im Krankheitsfall.

ÖFFNUNGSZEITEN

Die meisten **Geschäfte** haben Mo.–Sa. 9.00 bis 18.00 Uhr geöffnet. Viele größere Läden schließen Do. erst um 21.00 Uhr. In einigen „Shopping Centers" kann man auch So. einkaufen.
Geldinstitute sind Mo.–Fr. 10.00–16.00 Uhr geöffnet, zuweilen mit einer Mittagspause von 12.30–13.30 Uhr.
Bars und Pubs schließen zwischen 22.30 und 23.30 Uhr, meist mit einer halben Stunde „drinking time" nach der letzten Bestellung. Am Wochenende (Do.–Sa.) darf der letzte Drink um 0.30 Uhr geordert werden. In Dublin gibt es Ausnahmegenehmigungen, ebenso in Nordirland.

POST

Jedes irische Städtchen besitzt ein staatliches Postamt (oifig an phoist), geöffnet Mo.–Fr. 9.00–17.30 Uhr, Sa. 9.00–12.00/13.00 Uhr. Das Generalpostamt (GPO) befindet sich in Dublins O'Connell Street. Postkarten und Briefe (bis 50 g) nach Europa kosten 90 Cent.

RAUCHEN

Seit 2004 haben sich in irischen Pubs die Rauchschwaden verzogen. Nach dem Rauchverbot sieht man Raucher nun vor den Türen von öffentlichen Gebäuden, Restaurants oder Büros stehen, um im Freien eine Zigarette zu rauchen.

SICHERHEIT

Irland gehört zu den sicheren Urlaubsländern. Allgemeine Vorsichtsregeln gelten natürlich auch hier: nachts nicht allein in dunklen Gegenden spazieren gehen, keine große Geldsummen bei sich tragen oder Wertsachen offen im Auto liegen lassen. Die Polizei in der Republik Irland nennt sich Gardaí (sprich: gardi) und gilt als sehr hilfsbereit. In Nordirland sollten Besucher die Konfliktzonen zwischen konfessionellen Siedlungsgebieten meiden. Drohen keine aktuellen Unruhen, gelten die Wohngebiete als sicher. Polizeiwachen sind verbarrikadiert und ähneln Festungen.

SOUVENIRS

Ein Pullover von den Araninseln, ein unverwüstliches Tweed-Jackett aus Donegal, Gläser aus Waterford und moderne Glaskunst von Tipperary Lifeware – Irland bietet Liebhabern von Kunsthandwerk und hochwertigen Textilien ein attraktives Angebot. Platz im Gepäck kann man auch mit Rohmilchkäse, Räucherlachs, Marmeladen, Whiskey und Likören füllen.

SPORT

Angeln: Die Jagd vor allem nach Forellen und Lachsen in Flüssen und Seen gehört zu den beliebten sportlichen Freizeitaktivitäten. Zudem finden Hochseeangler an der Westküste beste Fanggründe. Tourism Ireland (www.fishingireland.net) und das Nordirische Tourist Board (www.discovernorthernireland.com/angling) haben interessante Websites mit Informationen und Links zusammengestellt.

Ein Lachs macht jeden Angler glücklich.

Golf: In Irland treffen sich nicht nur die besten Golfer der Welt zu Turnieren, Golf ist in Irland Volkssport. Auf vielen der rund 400 Golfplätze können auch Gäste spielen (www.golfingireland.ie).

Rad fahren: Wer Wind und Wetter nicht scheut, kann das relativ flache Irland gut auf einer Fahrradtour erkunden. Gegen Gebühr kann man das eigene Rad im Flugzeug oder auf der Fähre mitnehmen. Auch Bus und Bahn in Irland befördern Fahrräder. Fahrradgeschäfte in vielen Orten Irlands verleihen Räder an Touren. Die Website www.celtictrails.com führt eine Vielzahl von organisierten Touren auf.

Reiten: Am Strand oder „cross country", Irlandbesuchern bieten sich viele Möglichkeiten für einen Reiterurlaub. Informationen auf www.discoverireland.ie/equestrian, der Website von Tourism Ireland, oder www.ehi.ie. von Equestrian Holidays Ireland.

Wandern: „Walking Ireland" nennt sich eine Broschüre von Tourism Ireland mit vielen Informationen (www.discoverireland.ie/walking). Anbieter von organisierten Wandertouren in ganz Irland findet man unter www.walkingin ireland.org

Gaelic Football: Das Ballspiel zwischen zwei 15-köpfigen Teams verlangt ganzen Körpereinsatz. Ziel ist es, den Ball hinter die gegnerische Torlinie zu bringen. Landet der Ball im Tor, zählt dies drei Punkte, fliegt er über die Latte, aber zwischen die beiden hochragenden Torpfosten, gibt es einen Punkt. Der Ball kann getragen, geworfen und gekickt werden. Auch Finessen sind möglich, Haken schlagen oder ihn in Richtung des eigenen Tores zu passen. Vielfältige Kombinationsmöglichkeiten, Athletik und schnelle Punktefolge machen die Popularität des Spiels aus. Ende Sept. treten die besten Mannschaften im All-Ireland-Finale um den Sam Maguire Cup im Croke-Park-Stadion von Dublin gegeneinander an.

Hurling: Ein hockeyähnlicher Eschenholz-Schläger und ein Lederball mit 6,50 cm Durchmesser sind die wichtigsten Komponenten des athletischen Feldspiels, das von Frauen als „Camogie" gespielt wird. Jede der beiden gegnerischen Mannschaften umfasst 15 Mitglieder. Ein Team erzielt einen Punkt, wenn es den Ball zwischen die beiden 6,37 m voneinander entfernten hohen Torstangen oberhalb der 2,12 m hohen Querstange des gegnerischen Tores schlägt, unterhalb der Querstange gibt es drei Punkte. Der Ball kann mit der Hand, dem Fuß oder dem Schläger berührt werden, ein guter Schlag trägt den Ball bis zu 80 m weit. Das gälische Ballspiel lässt sich bis ins 14. Jh. zurückverfolgen. Höhepunkt der Spielsaison ist das Endspiel der All-Ireland Senior Hurling Championship im Sept. im Croke-Park-Stadion von Dublin.

Reisedaten

Irland

Flug von Deutschland
Zwischen 40 und 300 Euro
Inlandsverkehr
Busfahrt Dublin – Cork ca. 11 Euro
Reisepapiere
Personalausweis oder Reisepass
Währung
Irland: Euro, Nordirland: Britisches Pfund
Mietwagen
ab ca. 70 Euro pro Woche (unbegrenzte Kilometer, Versicherung)
Benzin
1 Liter Super ca. 1,60 Euro
Hotel
DZ/Frühstück: Luxus ab 140 Euro, Mittelklasse ab 70 Euro, Budget ab 30 Euro
Bed & Breakfast
ab 25–35 Euro pro DZ und Nacht
Menü à la carte
3 Gänge mit Wein pro Person ab 40 Euro
Einfaches Essen
ab 8 Euro
Ortszeit
MEZ / MSZ -1 Std.

SPRACHE

Offiziell ist Irisch bzw. Gälisch die erste Amtssprache. Sie ist aber nur für 3 % der Bevölkerung auch Umgangssprache. Eigentliche Umgangssprache und zweite Amtssprache ist Englisch. Gesetze werden immer in beiden Sprachen veröffentlicht, auch Ortsschilder zeigen meist beide Namen an.

TELEFON

Vorwahlen: Deutschland 00 49, Österreich 00 43, Schweiz 00 41, Irland 00 353, Nordirland 00 44.

Telefonate: Öffentliche Telefonzellen funktionieren meist mit Telefonkarten, die Postämter und Zeitungsgeschäfte verkaufen. Das Mobilfunknetz ist gut ausgebaut, das heimische Handy (mobile phone) mit GSM-Standard schaltet sich in ein irisches Netz. Über die jeweils günstigsten Anbieter und die Roaming-gebühren informiert die eigene Mobilfunkgesellschaft.

UNTERKUNFT

Bed & Breakfast: Häuser mit Gästezimmern sind flächendeckend präsent. Die oft preisgünstigen Unterkünfte werden vom Irish Tourist Board klassifiziert. Eine 350-Seiten-Broschüre listet die Unterkünfte auf (Republik Irland: B & B Ireland, Belleek Road, Ballyshannon, Co. Donegal, Tel. 071 9 82 22 22, www.bandbireland.com.

Auch www.irishfarmholidays.com listet Unterkünfte auf Bauernhöfen in ganz Irland auf, Preise variieren je nach Komfort.

Camping: Mehr als 200 Plätze sind über die Insel verstreut (Irish Caravan & Camping Council, Kilshanny, Mitchelstown, Co. Cork, www.camping-ireland.ie).

Ferienhäuser und Cottages: Die Angebote lassen sich online anschauen und buchen.

Republik Irland: Irish Cottage Holiday Homes Association, Bracken Court, Bracken Road, Sandyford, Dublin 18, Tel. 01 2 05 27 77, www.irishcottageholidays.com.

Nordirland: Northern Ireland Self Catering Holiday Association (NISCHA), Cathedral House, 23–31 Waring St, Belfast BT1 2DX, Tel. 01 2 05 27 77, www.authenticnorthernireland.com.

Hausboote: Auf den Flüssen Shannon und Barrow sowie über Kanäle und Seen kann man Irland mit einem gemieteten Kabinenkreuzer von der Wasserseite erkunden. Voraussetzungen: Mindestalter 21 Jahre und zwei Personen Besatzung. Buchung über Reiseveranstalter oder direkt bei einem Anbieter am Shannon River wie:

Emerald Star, Theodor-Heuss-Straße 53 bis 63, Eingang D, 61118 Bad Vilbel, Tel. 06101 5 57 91 60, www.emeraldstar.de.

Hotels: Die Angebotspalette reicht vom Schlosshotel bis zur einfachen Budget-Herberge. Die Übernachtungspreise in Dublin und Belfast sind höher als vergleichbare Angebote in der Provinz. Informationen durch

Irish Hotel Federation, 13 Northbrook Road, Dublin 6, Tel. 01 4 97 64 59, www.irelandhotels.com;

Northern Ireland Hotel Federation, McCune Building, Shore Road, Belfast BT15 3PG, Tel. 028 90 77 66 35, www.nihf.co.uk;

Manor House Hotels, 1 Sandyford Office Park, Foxrock, Dublin 18, Tel. 01 2 95 89 00, www.manorhousehotels.com;

Blue Book/Irish Country Houses & Restaurants, 8 Mount Street Crescent, Dublin 2, Tel. 01 6 7 99 14, www.irelands-blue-book.ie.

Jugendherbergen: Der internationale Jugendherbergsausweis gilt ohne Altersbegrenzung in den 30 Jugendherbergen der Insel (Republik Irland: Irish Youth Hostel Association, 61 Mountjoy Street, Dublin 7, Tel. 01 8 30 45 55, www.anoige.ie. Nordirland: Hostelling International Northern Ireland, 22–32 Donegall Road, Belfast BT12 5JN, Tel. 028 90 32 47 33, www.hini.org.uk). Auch mehr als 100 irische **Budget Hostels** laden zu einem Aufenthalt ein (Independent Holiday Hostels of Ireland, P.O. Box 11772, Fairview, Dublin 3, Tel. 01 8 36 47 00, www.hostels-ireland.com).

Einfacher lässt sich ein Radweg kaum ausschildern.

Daten und Fakten

Landesnatur: Irland misst an seiner breitesten Stelle 275 km, von Nord nach Süd erstreckt es sich bis zu 486 km, mit einer Küstenlinie von 3172 km. Die Fläche von 84 421 km² entspricht in etwa Österreich.

Politik und Verwaltung: Die Insel ist in vier Provinzen (Ulster, Leinster, Connacht, Munster) und in 32 Grafschaften (Counties) eingeteilt. Ulster mit seinen sechs Counties gehört zum britischen Nordirland.

Irisches Staatsoberhaupt mit überwiegend repräsentativen Aufgaben ist der für 7 Jahre gewählte Präsident (seit 2011 Michael D. Higgins). Der Premierminister (Taoiseach) wird für 5 Jahre gewählt. Das Parlament (Oireachtas) besteht aus zwei Kammern, das Abgeordnetenhaus (Dáil Éireann) mit 166 Sitzen wird alle 5 Jahre gewählt, Premierminister und ein Gremium benennen die 60 Mitglieder des Senats (Seanad Éireann).

Die derzeitige Regierungskoalition wird gebildet aus der konservativen Fine Gael und der Labour Party. Opposition: Fianna Fáil, Sinn Féin Party.

Bevölkerung: 6,4 Mio. Menschen leben auf der Insel, davon 4,6 Mio. in der Rep. Irland und ca. 1,75 Mio. in Nordirland (65,3 Einw./km²; zum Vergleich: 225/km² in Deutschland). Dublin ist mit ca. 525 000 Einw. und 1,8 Mio. in der Metropolregion die größte Stadt des Landes. Belfast zählt mit Umgebung knapp 480 000 Einw. County Leitrim ist mit 16 Einw./km² am dünnsten besiedelt. Irland hat mit gut 3 % einen niedrigen Ausländeranteil (zum Vergleich: 9 % in Deutschland), der jedoch langsam ansteigt. Etwa 90 % der Bewohner der Republik Irland bekennen sich zum römisch-katholischen Glauben, rund 3 % sind Anhänger der Church of Ireland oder anderer protestantischer Kirchen.

Wirtschaft: Befand sich die Wirtschaft Irlands seit dem Beitritt zur EU im Aufschwung, erlitt sie seit der Weltfinanzkrise 2008/2009 einen deutlichen Knick. Die Infrastruktur hat sich allerdings stark verbessert. Dienstleistungen spielen die größte Rolle in der Wirtschaft, die Bedeutung der Landwirtschaft ist zurückgegangen. Der Tourismus nimmt mit mehr als 6,5 Mio. ausländischen Irlandbesuchern eine wichtige Rolle ein. Bruttoinlandsprodukt 2010 gesamt 159,906 Mrd. Euro, pro Kopf 35 768 Euro.

Wetterdaten

Dublin

	TAGES-TEMP. MAX.	NACHT-TEMP. MIN.	WASSER-TEMP.	TAGE MIT NIEDER-SCHLAG	SONNEN-STUNDEN PRO TAG
Januar	8°	3°	9°	13	2
Februar	8°	3°	8°	10	3
März	10°	3°	7°	11	4
April	13°	4°	8°	10	5
Mai	15°	7°	9°	12	6
Juni	18°	10°	11°	10	6
Juli	20°	11°	13°	9	5
August	19°	11°	14°	11	5
September	17°	10°	14°	10	4
Oktober	14°	8°	13°	11	3
November	10°	4°	12°	11	2
Dezember	8°	3°	10°	12	2

WETTER UND REISEZEIT

Irlands Klima wird vor allem vom Golfstrom und den atlantischen Südwestwinden beeinflusst. Im Jahresverlauf wird es selten kälter als 1 °C und kaum wärmer als gut 20 °C. Es kann zu jeder Jahreszeit regnen; die Regenwahrscheinlichkeit ist im Winter und an der Westküste am höchsten. Die trockensten Gegenden sind die Counties Wexford und Waterford im Südosten. Nichts Ungewöhnliches sind rasche Wetterwechsel. Mehrere Regenschauer an einem Tag und dazwischen Sonnenschein sollten einen nicht verwundern.

Die Sommermonate Juni bis August sind die wärmste Zeit des Jahres und relativ trocken, daher finden Musik- und andere Kulturfestivals überwiegend im Sommer statt. Im Mai, im September und auch noch im Oktober kann es viele warme Tage geben. Dann sind auch die größeren Attraktionen weniger stark von Touristen besucht und Gärten und Parks zeigen sich von ihrer schönsten Seite. Aufenthalte in Dublin oder im beliebten Süden und Westen Irlands sollte man stets im Voraus buchen.

Irish Hockey oder Hurling – ein Breitensport

Blick vom Ladie's View hinab auf die Seen im Killarney National Park

Register

Fette Ziffern verweisen auf Abbildungen

3. Auflage 2014

Verlag: DuMont Reiseverlag, Postfach 3151, 73751 Ostfildern, Tel. 0711/4502-0, Fax 0711/4502-135, www.dumontreise.de
Geschäftsführer: Dr. Thomas Brinkmann, Dr. Stephanie Mair-Huydts
Programmleitung: Birgit Borowski
Redaktion: Konzeption & Redaktion
Text: Axel Pinck
Exklusiv-Fotografie: Olaf Meinhardt
Titelbild: Bildagentur Huber/Ricardo Spilla (Küste bei Slea Head)
Zusätzliches Bildmaterial: corbis/Photo Company S. 23 oben, corbis/M. Beebe S. 53, links und rechts; dpa/Icon Smi Jim Metzendor S. 35 oben; dpa/Empics R. Naden S. 35 rechts, dpa/Empics R. Vieira S. 35 links, dpa/PA Batchelor S. 105 oben, dpa/DB P. Sorge S. 106, dpa/George Munday Photo-graphic S. 64 unten, dpa/epa PA Handout S. 30 links; getty/Axiom Photographic Agency S. 53 oben, getty/J. Richardson S. 77; Huber/M. Rellini S. 8/9, S. 16/17, S. 18/19, S. 95 oben, Huber/R. Spila S. 10/11, S. 48 unten, Huber/R. Massimo S. 49, S. 54, Huber/F. Olimpio S. 56, Huber/D. Collin S. 84; Irland Information S. 79 rechts; laif/R. Mattes/hemis.fr S. 23 unten rechts, S. 27 rechts, laif/B. Rieger/hemis.fr S. 26, laif/Hemispheres S. 27 links, S. 30 rechts, laif/Stand S. 29, laif/Krinitz S. 69 oben, laif/Steets-Henglein S. 69 links und rechts, laif/Amme S. 91, laif/P. Frilets/hemis.fr S. 96, laif/J. Banning S. 104, laif/Multhaupt S. 105 unten, laif/Heuer S. 111 oben, laif/Gonzales S. 65 unten; look/H .& D. Zielske S. 14/15, S. 103, look/H. Leue S. 95 links; mauritius/Garden Picture Library S. 49, mauritius/Alamy S. 83, oben, rechts und links, S. 95 rechts, S. 111 rechts, mauritius/imgagebroker-Christian Handl S. 90, mauritius/images/age S. 107, mauritius/CuboImages S. 65 oben; StockFood/Teubner Foodfoto S. 75; www.matchmaker.com S. 79 links
Grafische Konzeption, Art Direktion: fpm factor product münchen
Layout: Cyclus Visuelle Kommunikation, Stuttgart
Kartografie: © MAIRDUMONT GmbH & Co. KG, Ostfildern
DuMont Bildarchiv: Marco-Polo-Straße 1, 73760 Ostfildern, Tel. 0711/4502-266, Fax 0711/4502-1006, bildarchiv@mairdumont.com

 Erscheinungsweise: monatlich.

Anzeigenvermarktung: MAIRDUMONT MEDIA, Tel. 0711 45 02-333, Fax 0711 45 02-1012, media@mairdumont.com, http://media.mairdumont.com
Vertrieb Zeitschriftenhandel: PARTNER Medienservices GmbH, Postfach 810420, 70521 Stuttgart, Tel. 0711 72 52-212, Fax 0711 72 52-320
Vertrieb Abonnement: Leserservice DuMont Bildatlas, Zenit Pressevertrieb GmbH, Postfach 810640, 70523 Stuttgart, Tel. 0180 5 72 72 52-265, Fax 0180 5 72 72 52-333, dumontreise@zenit-presse.de
Vertrieb Buchhandel und Einzelhefte: MAIRDUMONT GmbH & Co. KG, Marco-Polo-Straße 1, 73760 Ostfildern, Tel. 0711 45 02-0, Fax 0711 45 02-340
Reproduktionen: PPP Pre Print Partner GmbH & Co. KG, Köln
Druck und buchbinderische Verarbeitung: NEEF + STUMME premium printing GmbH & Co. KG, Wittingen, Printed in Germany

FSC
www.fsc.org
MIX
Papier aus verantwortungsvollen Quellen
FSC® C001857

Going downtown: auf der Brooklyn Bridge

NEW YORK

Das neue Downtown
Das Viertel rund um den Freedom Tower erwacht zu neuem Leben.

Kunstmetropole
Einige der besten Museen der Welt locken ebenso wie Hunderte von angesagten Galerien.

In Williamsburg ...
... trifft sich die Szene, von hier gehen die Pop-Trends aus, die dann die Welt erobern.

Vielerorts im Harz trifft man sich vor imposanter Fachwerkkulisse.

HARZ

Naturidyll im Norden
Rund um den Brocken lockt eine noch weitgehend unberührte Natur.

Suche nach neuem Image
Frischer Wind in Bett und Küche: klimaneutral wohnen und bewusst speisen.

Wanderparadies
Nicht nur auf dem Hexenstieg lässt sich herrlich wandern.

Lieferbare Ausgaben

DEUTSCHLAND
119 Allgäu
092 Altmühltal
105 Bayerischer Wald
120 Berlin
106 Bodensee, Oberschwaben
121 Brandenburg
056 Chiemgau, Berchtesg. Land
013 Dresden, Sächs. Schweiz
152 Eifel, Aachen
096 Elbe und Weser, Bremen
125 Erzgebirge, Vogtland
020 Frankfurt, Rhein-Main
059 Fränkische Schweiz
112 Freiburg, Basel, Colmar
028 Hamburg
026 Hannover zw. Harz u. Heide
042 Harz
062 Hunsrück, Naheland, Rheinhessen
023 Leipzig, Halle, Magdeburg
131 Lüneburger Heide, Wendland
066 Mainfranken
133 Mecklenburgische Seen
038 Mecklenburg-Vorpommern
033 Mosel
114 München
047 Münsterland
015 Nordseeküste Schleswig-Holstein
006 Oberbayern
074 Odenwald, Bergstraße
035 Osnabrücker Land, Emsland
002 Ostfriesland, Oldenb. Land
135 Ostseeküste Meck-Pomm
075 Ostseeküste Schleswig-Holstein
136 Pfalz
040 Rhein zw. Köln und Mainz
079 Rhön
116 Rügen, Usedom, Hiddensee
137 Ruhrgebiet
149 Saarland
080 Sachsen
081 Sachsen-Anhalt
117 Sauerland, Siegerland
083 Schwarzwald Norden
045 Schwarzwald Süden
018 Spreewald, Lausitz
008 Stuttgart, Schwäbische Alb
141 Sylt, Amrum, Föhr
142 Teutoburger Wald
102 Thüringen
143 Thüringer Wald
037 Weserbergland

BENELUX
052 Amsterdam
011 Flandern, Brüssel
070 Niederlande

FRANKREICH
055 Bretagne
021 Côte d'Azur
032 Elsass
009 Frankreich Süden Languedoc-Roussillon
019 Korsika
071 Normandie
001 Paris
115 Provence

GROSSBRITANNIEN/IRLAND
063 Irland
130 London
138 Schottland
030 Südengland

ITALIEN/MALTA/KROATIEN
017 Gardasee, Trentino
110 Golf von Neapel, Kampanien
128 Italien, Norden
005 Kroatische Adriaküste
113 Malta
073 Oberitalienische Seen
076 Piemont, Aostatal
014 Rom
082 Sardinien
003 Sizilien
140 Südtirol
039 Toskana
091 Venedig, Venetien

GRIECHENLAND/ZYPERN/TÜRKEI
034 Istanbul
016 Kreta
090 Türkisches Mittelmeer
148 Zypern

MITTEL- UND OSTEUROPA
104 Baltikum
122 Bulgarien
094 Danzig, Ostsee, Masuren
101 Polen Süden, Breslau, Krakau
044 Prag
085 St. Petersburg
145 Tschechien
146 Ungarn

ÖSTERREICH/SCHWEIZ
129 Kärnten
004 Salzburger Land
139 Schweiz
088 Tessin
144 Tirol
147 Wien

SPANIEN/PORTUGAL
043 Algarve
093 Andalusien
150 Barcelona
108 Costa Brava
025 Gran Canaria, Fuerteventura, Lanzarote
065 Kanarische Inseln
124 Madeira
132 Mallorca
007 Spanien Norden
118 Teneriffa, La Palma, La Gomera , El Hierro

SKANDINAVIEN/NORDEUROPA
057 Dänemark
029 Island
099 Norwegen Norden
072 Norwegen Süden
151 Schweden Süden, Stockholm
153 Hurtigruten

LÄNDERÜBERGREIFENDE BÄNDE
123 Donau – Von der Quelle bis zur Mündung
112 Freiburg, Basel, Colmar

AUSSEREUROPÄISCHE ZIELE
010 Ägypten
053 Australien Osten, Sydney
109 Australien Süden, Westen
107 China
024 Dubai, Abu Dhabi, VAE
036 Indien
027 Israel
111 Kalifornien
031 Kanada Osten
064 Kanada Westen
022 Namibia
068 Neuseeland
041 New York
048 Südafrika
012 Thailand
046 Vietnam